なぜ学校で性教育ができなくなったのか

七生養護学校事件と今

包括的性教育推進法の制定をめざすネットワーク 編
浅井春夫、日暮かをる 監修

イラスト：malちゃん・ann ちゃん

はじめに

みなさんは、今、小・中学校で性教育がほとんど行われていない現状をご存じでしょうか。学校にもよりますが、月経や性被害・加害を学ぶなど、限られた学年が年間2時間程度行うにとどめていることが多いのです。性教育の授業をしようとすると管理職は神経をとがらせ大きな圧力がかかることがあるので、担当の教師も消極的になりがちです。ですから、子どもたちは自分や他者のからだやこころについて、科学的、肯定的に学ぶ機会が奪われたままなのです。なぜこのような状況になってしまったのでしょうか。

それは2003年の「七生養護学校事件」が大きな影響を与えました。私たちは、10年間裁判で闘い、勝訴したにもかかわらず、残念ながら20年たった今でも「バックラッシュ」は続いているのです。この20年間で「性教育」の経験知も授業の感動も共感も、すべて失われてしまいました。いいえ、失われたのは性教育だけではありません。

この本の前半では、「学校でなぜ性教育ができなくなったのか」歴史的な事実を明らかにします。

第1部では20年前の「七生養護学校事件」とはどんな事件だったのか、その標的にされた七生養護学校とは、そこで試行錯誤され実践された「性教育」とは、どんなものだったのか書かれています。その後展開していった裁判の経緯と成果にも触れながら、教員だけでなく、保護者の声もお届けします。

第2部では、七生養護学校事件の前から始まっていたジェンダー・性教育バッシングの実態や、今までマスコミも手を付けず報道してこなかった政治や宗教との根深い関係を明らかにしています。また、今の教育現場や性の多様性に関わる状況についてもお伝えします。

第3部では、すべての人が持ちうる「人権」「その人らしい生き方」を希求することの大事さとともに、世界でひろがっている「包括的性教育」を詳しく紹介します。

みなさんここで、日本の「性教育」の歴史を少しだけ紐解きます。日本では60年代までは「純潔教育」と名付けられており性道徳的な内容一辺倒でしたが、70年代に「性教育」という言葉が一般的になります。しかし、当時の文部省は、「性教育」と「純潔教育」は同じものだという立場をとり続けていました。90年代に入り「性教育」は活発化します。１９９２年は

「性教育元年」ともいわれ、各地での実践も広がり発展しつつありました。自分のからだとこころの主人公になるために、「科学・自立・人権・共生」を軸に、だれもがその人らしく生きることを学ぶ学習として、各地で体系立った「性教育」が展開されていました。

徐々に広がってきた性教育の授業には、感動がそこかしこにあったのです。あたたかくて本音が出せるこの時間が大好きだという子どもたちがたくさんいました。教師にとっても、子どもたちと真剣に向き合い、ぐっと近づける手ごたえの大きい時間でした。ここで、ほんの少しその当時のエピソードを紹介させてください。

A君は普通小学校に通う、言葉より力で自分の気持ちを表現しがちな5年生。怒ると相手のおなかを蹴ったり暴力をふったり、周囲の子を委縮させてしまいます。そんな彼が「生命誕生」の授業で、針の穴ほどしかない卵子に「性交」で届けられた数億個の精子のなか、たった一つがたどりつき受精する動画を見ました。その受精卵がお母さんのおなか中でひとに育っていくことを知ったのでした。授業後の感想文にA君は「僕は、これから女の子のおなかを絶対蹴らないと決めました」と書きました。先生は、A君が文を書いたことにも驚きましたが、その日から自分で決めた約束を守り続けたことに深い感銘を受けていました。

普通中学校の性教育は、今まさに自分のからだで起きている変化（二次性徴）と向き合う時間。からだの科学的メカニズム、からだへの不安や悩み、親への反抗心や自立心、他者理解や共生、ひとを好きになることなど、取り上げる内容はまさに多様で「リアル」。

例えば、『好きって気持ちはみーんな一緒』という授業では、国語でつくった短歌（無記名の相聞歌）の上下の句を、クイズ形式でマッチングさせたり分類したりします。ある子がユーモアと本音の一句「キモイとはいわれ慣れてる俺だけど一度でいいから彼女がほしい」と詠むと、クラスメイトが次々と「励ましの返歌」を。吐露した悩みを共有し、安心感を得て共に生きることを学ぶ時間になったのではないでしょうか。これも「性教育」なのです。

――と、こんな時代もあったのですが、２０００年前後から少しずつ壊されていったのです。

最近ある大学で学生さんたちに話をする機会をいただきました。授業後、こんな感想が送られてきました。最低限の「性教育」しか行われなかったこの20年間を、学生さんたちは以下のように受け止めているのです。ここから、様々な現状や今を生きる若者の思いが読み取れます。
・日本には性に関して公に話をすることができない暗黙の了解があり、それによって悩みがあってもだれにも相談できない人が多くいるのではないでしょうか。そういう意味でも日本の性教育は遅れていて、無知なまま大人になるのは怖いなと思いました。

・生きづらさはどこにつながり、どうしたら乗り越えて行けるのか。何か一つを禁止したり、避けたりすることでは解決されず、結局人としての「自分のからだの理解」「他者との関係性」「自分らしく生きるための自信」がそれを支えていくのかもしれません。

・私は性教育とは自分のからだについて知ることだと思っていましたが、それだけではなく自分が愛されていることや他者との関わりを知るための学習だと思いました。

・私は小学校や中学校などで性教育を受けてきましたが、思い返してみるとどれも一種の恥ずかしさや後ろめたさが付きまとったものでした。初潮など性にまつわる事柄に関して一人で悩んでいた苦しさを思い出しました。

私たちは「からだ」とともに生まれ、育ちます。だれにとっても「性・生教育」は当たり前にされるべき『学び』なのではないでしょうか。日本では、「性は隠すもの、恥ずかしいもの」が暗黙の約束となっており、たくさんの人を苦しめてきました。今、いえずに苦しんできた人たちの声によって、芸能界、スポーツ界、学校、自衛隊、職場、家庭など、あらゆる場面での「性と生」に関わる問題が明らかになってきました。こういったこと一つとっても、社会全体の人々が「ＮＯ！」といえる『学び』をしていれば、もっと早く救えたはずです。

　小さいころから当たりまえのように自分のからだやこころを意識し大切にすることを学ぶことで、他者はもちろん、生命あるものとの共生や助け合い、偏見を乗り越え、寛容な社会をつくっていく道筋が共有されていくのではと強く思っています。


　私たちは七生養護学校の子どもたちから多くのことを学びました。「性教育」とは、性の知識を教えたり問題行動を抑制したりすることが目的なのではなく、すべてのひとが自分らしく生きることの喜びを見出すための教育なのです。それには、なんでもいえる安心できる大きな「空間」をつくることが大前提です。迷いのなかで私たちが子どもたちに導かれてたどり着こうしていたのはこうした「空間・関係」づくりだったのかもしれません。攻撃され取り上げられてしまった七生の教育実践は、世界で拡がっている「包括的性教育」そのものであったのではないか、と改めて思っています。日本の子どもたちにも「権利」としての「性教育」を届けたい。そんな思いから、私たちは本の出版とともに「包括的性教育推進法の制定をめざすネットワーク」を立ち上げることにしました。

　七生でつくってきた「大きな空間（学校）」を日本社会に置き換え、「この大きな大きな空間（社会）」で、だれもがその人らしく生きられるために何が大切か、「包括的性教育」を子どもたちにどう届けることができるのか、一緒に考えながら読んでいただければこれほどうれしいことはありません。

なぜ学校で性教育ができなくなったのか——七生養護学校事件と今

●目次

はじめに…3

第1部　七生養護学校事件の裁判勝訴10年を振り返る

第1章　七生養護学校事件が今も問うていること…16
日暮 かをる、井上 千代子、上原 ひとみ、宝方 㐂代美
①「七生養護学校事件」とは／②「七生養護学校」ってどんな学校？
③必要とされた「教材」・生み出された「教材」／④20年を経て改めて問い直す

第2章　保護者も納得できなかった「七生養護学校事件」…53
洪 美珍

第3章　こころとからだの学習裁判——三つの判決の成果と課題…64　中川 重徳
裁判への道のり／一審・東京地裁判決／二審・東京高裁判決／最高裁判決
判決確定の意味するもの

第2部　勝訴10年後の性の多様性と性教育

第4章　子どもの権利から見た「こころとからだの学習」の現代的意義…80　小泉 広子
はじめに／子どもの権利の視点から見た「こころとからだの学習」の意義
七生養護学校事件裁判の背景／「こころとからだの学習」の適法性判断／2つの判決の問題点
七生養護学校事件から何を学ぶか

第5章　統一協会と右派勢力——性教育バッシングの背景…95　金子 由美子
性教育と子どものニーズ／旧統一協会と政治との連動／「はどめ規定」の撤廃を

第6章　教育現場は今どうなっているのか…106　現役教諭の座談会

性教育が広がらない現状／多忙で余裕のない現場／性教育を通じて子どもとの関係が深まる

第7章　性の多様性をめぐる問題状況――トランスジェンダー差別を中心に…122　遠藤　まめた

まったく情報のなかった20年前の学校／学習指導要領への掲載見送り

海外から輸入されるトランス・バッシング／不安を煽る議論

第3部　性の多様性が尊重される教育・社会に向けて

第8章　包括的性教育――その概要、めざすべき人間像、法律私案の提起…136　浅井　春夫

1　包括的性教育はどんな性教育なのか

2　包括的性教育がめざす人間像を考える――性的に健康なおとなとは：37項目

3　包括的性教育推進法（私案）の提起

第9章　「多様な性」尊重か制限か――LGBT理解増進法をめぐる議論から考える…153
松岡　宗嗣
差別禁止と理解増進という二項対立の問題／自民党内の強硬な反発で法案は提出見送りに
超党派での「合意案」は反故に／G7広島サミットの宣言に反し、法案は大きく後退
理解増進に逆行する「多数派への配慮」／「多様な性」尊重の流れの分岐点

第10章　民間教育運動が進めてきた「性の多様性」教育実践を定着させるために…164
堀川　修平
はじめに／「性の多様性」をとりまく教育状況／性教育における「性の多様性」への着目
「LGBT教育実践」ではなく、クィアペタゴジーを進めよう／クィアペタゴジーの可能性
おわりに

あとがき…176
執筆者一覧…183

第1部
七生養護学校事件の裁判勝訴10年を振り返る

裏山でくつろぐ

第1章　七生養護学校事件が今も問うていること

日暮 かをる、井上 千代子、上原 ひとみ、宝方 壵代美

①「七生養護学校事件」とは

「七生養護学校事件」とはなんであったのか。それを語るとき、2003年突然始まった出来事に、驚き、怒り、ときに涙した当事者として、そのときの感情を伝えることを大事にしてきました。それは事件を知らせることだけでなく、子どもとの関係づくり、学校集団の在り方など、本来「教育」に問われていることを考え合いたいという思いが強くあったからです。

事件から20年が過ぎようとしている「今」、

① 10年間裁判で闘い、勝ち取った内容が学校現場にまったく反映されていないこと。
② 安倍晋三元首相銃撃事件以降、ジェンダー・性教育バッシングに関わる背景が徐々に明らかになってきたこと。

この二つの理由から当時の教員・保護者たちは再び伝えることの必要性を感じ、連絡を取り話し合いを始めました。

初めに、今回「七生養護学校事件」という私たちが体験した20年前の出来事をお伝えし、次に「七生養護学校」では子どもと向き合うなかで何を大事にしたのか、また何を目指したのかを振り返ります。最後に、20年が過ぎ新たに見えてきたことに触れ、「七生養護学校事件」とはなんであったのか再度考えたいと思います。

2003年、目の前で起きたこと、そして闘いへと

2003年7月2日、それは、都議会定例会の一般質問から始まりました。ある都議会議員（以後、都議）が「最近の性教育は、口に出すことがはばかれる……ある都立養護学校ではかられだのうたに性器の名称を入れて子どもたちにうたわせている」と、発言。石原都知事は「異常な信念をもって、異常な指導をする先生たち」と、横山教育長は「きわめて不適切な教材

……強く指導してまいります」と答弁したのです。「からだうた」といえば七生の教材であることは明らかであるのに、私たち現場教員が知らぬ間に都議会で取り上げられ問題となっていたのです。

7月4日、3人の都議（質問した都議も含む）と3人の区議・市議が、産経新聞の記者を伴い都立七生養護学校を「視察」と称して来校。義務教育心身教育課長、副参事、指導主事など7名も同行してきました。学校長からは「今日は私が対応するので、皆さんはいつも通りに」と話があり、私たちは管理職が説明すれば理解されるだろうくらいの認識でいました。

午後1時到着した「視察」団は校長室で管理職と話し合い、性教育教材が整理されていた保健室に直行しました。

午後3時ごろ、高等部の生徒が「大変だよ！　うっちゃん（保健室の先生）がいじめられているよ！」と、教室に駆け込んできました。その言葉に驚きながら、一緒に保健室に行くと、なんとも異様な光景に出会ったのです。「性教育教材」の人形たちが下半身を途中まで脱がされた状態で並べられ、背広姿の男性たちが、にやにやしながらそれをカメラで撮っていたのです。傷の手当てを受けていた生徒は、「なんか……変なことしている」「にやにやしてる」と、いつもの授業とは違う人形教材の姿や大人の雰囲気に異様さを感じとっていました。

放課後、二人の養護教諭が語ってくれた内容は、想像を超えたものでした。都議たちは挨拶もなく、最初から尋問を受けているようだったとのこと。「（具体的な教材で教えることに対して）体験して教えるというなら、お父さんやお母さんのセックスも教えるの？　そんなのは塾を開いて教えればいいんだ。人は集まらないだろうがね」「そんなのは共産主義の考え方だ」「からだうたを宴会で歌えるのか?!」「お前たちは命令を受ける立場なんだから」「国税と同じだからな。1円までも暴いてやる」養護教諭が何を説明してもこんな激しい乱暴な言葉や態度が繰り返され、その間、東京都教育委員（以後都教委）も管理職も押しだまるばかりだったそうです。性器ばかりを露わにした人形たちを、議員や産経新聞の記者が撮影していったとのこと。都教委、管理職は養護教諭を助けることもせず都議らのいいなりに動き、都議らが不適切と判断した教材や書籍、ファイルなどを保健室から持ち出していったのでした。だれにも助けを求められず、不安と恐怖の時間を過ごした報告をみんなで聞いたのです。

翌日7月5日の産経新聞朝刊に「過激性教育　都議ら視察」と大きく載り、「まるでアダルトショップのよう」といった都議の言葉がセンセーショナルに報道されていました。

保健室に大事に保管され、授業に役立てていた性教育教材および実践ビデオの多くが没収され、ほとんど学校に戻ることはありませんでした。

視察以降、都教委関係者が毎日来校し、まるで見張られているようでした。来校していた副参事に「性教育の何が問題なのか?」直接聞く機会を得ました。やり取りのなかで出てきた「性教育に必要なのは、純潔教育です!」「寝た子を起こすな」という言葉に七生の子どもたちが見せる現実とのあまりの乖離に驚きました。

7月9日の午前、都教委主催の保護者会が開かれました。保護者たちからは、産経新聞の内容や都議・都教委のやり方に対する怒りや抗議、「子どもたちにとって性教育は大事な授業です」といった発言が多く出されました。それらの質問や意見に、都教委はまともに答えることができず、保護者の疑問や怒りをおさめることは到底できませんでした。

午後には、全教員への聴き取り調査として37名の指導主事が来校。一方的に「不適切」と決めつけられた性教育教材に関する事情聴取が、職務命令として行われました。筆記用具を持つことも許されず、まるで取り調べを受けているかのような異様さで、傷つき泣き出す教員が何人もいました。

7月29日、突然「学校経営アドバイザー要綱」が策定され、鷲野一之氏が七生養護学校に着任することが決まりました。鷲野アドバイザーは、校長室を居場所に校内を自由に見回りしていました。職員会議では学校長の隣に座り威嚇ともとれる発言を繰り返し、ときには煽るような行動もありました。

教員への不当処分の強行、通達など一方的な弾圧が続き、校内では個別的に見張られているような閉塞的な雰囲気のなか、教員たちは疲れ切っていましたが、放課後には集まり交流しあい励まし合っていました。一方で、学校内で起きている不当な弾圧を外部に知らせる必要を感じ、地域や組合、民主団体などとつながっていきました。様々な人の協力を得ながら東京弁護士会への人権救済の申し立てにたどり着いたのです。しかし翌年には、多くの教員の異動が決まり、上からの力による分断は止まりませんでした。異動先でも管理職から不当な指導を受ける教員が何名もおり、学校を超えた教員間の連携は続けていきました。

2005年東京弁護士会は、都教委に対し「子どもの学習権と教師の教育の自由の侵害であり、不当な介入をしてはならない」と、「警告」を発しました。そこから七生養護学校「こころとからだの学習裁判」の闘いとなっていったのです。第3章では弁護団の方がこの裁判に関して詳細を語ってくれます。

②「七生養護学校」ってどんな学校?

七生養護学校は、小・中・高がある知的障害の子どものための学校で、当時は160名ほどが在校、通学していました。約半数が隣接する七生福祉園からの通学生です。福祉園には、比較的軽度障害の子どもが多く、複雑な家庭事情を持ち保護者が養育困難と判定された事例や、

七生の校舎と桜

いくつかの施設を回ってきた事例など、障害だけでなく生い立ちに様々な背景を抱えている子どもたちがいました。

保健室から見た七生養護の子ども・教員

養護教諭という立場の私たちは、ときに想像を越えた教員たちと子どもたちとの関わりを見てきました。それは、耐え難いほどの忍耐が必要で、子どもたちに優しく接触することが限界に近いような理性との格闘でした。

興奮した生徒の投げたハサミが、寸前のところで教員の頭をそれて黒板に突き刺さったこともありました。ちょっとしたことが子どもの気持ちを不安にさせ、暴れながら蹴る、殴るの行為が続きます。髪の毛を引きちぎられながらも、じっと「大丈夫、何もしない。

大丈夫、信じて」といいながら子どもを抱きしめている教員。凄まじいパニック、暴力行為を続ける子どもへの対応で、みんな生傷が絶えない状態でした。七生養護学校では、知的障害児の教育だけでなく、被虐待児の教育、性と生の教育を必要としている子どもたちが多くいました。ですから、ベテラン教師であっても、今まで培ってきた経験が七生養護学校では通用せず、そのことで挫折感を味わい、自信喪失をしてしまうことがありました。

過酷な生育歴からくる精神的に不安定な子ども、人とのふれあいや関わりを渇望する子どもたちに対して「○○せねばならない」「○○すべき」という指導をしても、新たな攻撃性を引き出してしまったり、逆に心を閉ざさせてしまったりするなど逆効果であることは明らかでした。問題とされる行動を繰り返してしまう裏側には、寂しさや不安が強くあるのではないかと受け止め、教員たちは、必死に理性を保ちながら子どもたちに向き合っていました。そうしなければ、教員自身が加害者になってしまうかもしれないようなぎりぎりの状況があったのです。

こうして日々悩みつつ彼らと真剣に向き合うなかで、子どもたちの気持ちの奥深くまで理解しようと考えるようになっていったと思います。そして、子どもたちの「こころ」が安定し、「心地よい気持ち」になって過ごしていけるように、学校生活や授業のなかにいろいろな工夫を取り入れるようになっていきました。

性教育がなぜ始まり、必要とされたのか

言葉のないダウン症生徒の妊娠被害を端に、複数の小学生から高校生までの衝撃的な性被害・性加害の出来事が明らかになりました。他にも年齢・男女を問わず、性行動の強要が学校の内外で繰り返されていることも発覚しました。例えば、大人の目を盗み、抵抗できない子どもに無理やり自分の性器を触らせたり、小学生が、喋れない中学生女子の胸を触り、ズボンやパンツをおろして裸にしたり、性器の中に異物を挿入するといったことやトイレの中で性器を見せ合ったりする出来事などもありました。

施設の子どもに限らず、障害があるために幼少期から差別やいじめにあった子などがいて、さまざまな心の問題を抱えていました。わざと人の嫌がることをし、暴力や喧嘩で関わりを持とうとしたり、気を引くためや寂しさを埋めるための手段として性的な行動を続けたり……。こういった出来事や状況が、性教育「こころとからだの学習」に取り組むことにつながっていったのです。

背景に家庭や社会のなかで歪められた力関係に因る、子どもたちのなかにある支配や管理・依存といった複雑な心理があることや、集団で暮らす施設などにおいて起こりやすい事例であることがわかってきました。

上記のように、取り組みのきっかけは衝撃的な性的行動の発覚でしたが、どの子も様々な行動で自己の生きづらさを訴えていました。優等生を演じる子、性的行動を繰り返す子、言葉の代わりに激しい暴力で気持ちを表す子など。以下、高等部教員からいくつかの事例を紹介します。

Hくんは、乳児院、養護施設を経て中学時代に七生福祉園に入所してきました。いつもにこやかな笑顔を見せていて、教師の指示にもよく従います。学校では、真面目な態度が評価されており信頼もされていました。しかし、施設の職員さんからは、大人の目をぬすんで小さい子や弱い子に対するいじめがあることや性的な問題も指摘されていました。私は、学校ではよい子を演じ施設内で問題を起こすHくんの気持ちの奥にあるものが理解できるようになりたいと思っていましたが、どう迫ればよいのかわからず手探り状態でした。1995年当時は、教員集団としても「性教育」を位置付け深めるところまでは至ってはいませんでした。

Nさんは、中学時代から性的問題を繰り返し起こして指導の難しい生徒といわれていました。彼女は、自分からよくしゃべるのですが常に神経がぴりぴりしており、絶えず人に対し攻撃的な言葉・行動が目立つ生徒でした。かかわりを求めるためにわざと大人を怒らせることが多く、担任教師は疲れきっていました。あるとき、なぜ性的問題を繰り返すかの問いに「だってそのときだけは、（相手が）優しくしてくれる」と答えたNさん。その言葉に教員たちは衝撃を受け深く考えさせられました。ことの是非を問われれば、それがいけないことであることを、彼女はとっくにわかっているのです。でも、心の満たされなさは、是非に関係なく様々な行動を引き起こすのです。教員たちは問題と見ていた行動の裏側にこんな声が潜んでいたのかと改めて確認しあったのです。本当は優しくしたいし、優しくされたい。障害があることで意識することも表現することもうまくできないなかで、その結果周りから傷つけられ育ってきた子どもは、ときに優しさを拒否するようになり、攻撃性を身につけていきます。年齢が大きくなり性への興味関心も出てくると、自分のなかにある怒りとまざり合い性的な問題行動となって表面化したりします。Nさんと向き合うなかで私たちは必死に学びました。さらに、性教育について研修を深めることで少しずつ整理していくことができていったように思います。Nさんが自分の気持ちを出せるように、教員は「まずは話を聴く」ことを意識した丁寧な対応を繰り返しました。彼女は、3年間のなかで安定し、ぴりぴりした様子は消えていきました。

Mくんも激しい怒りを表現する生徒でした。育ちが複雑で、別の養護施設で暴力問題を何度も起こしていた男子生徒です。女子がいると「おっぱい！」「セックス」と騒ぎ立てます。それを止めようとすると、教室の壁や備品が壊れるほど暴れます。私たちは穏やかに粘り強く対応していきました。それでも彼が心の奥に抱えている「怒り」は簡単には収まりません。そんなMくんでしたが「性教育」は好きな授業で楽しみにしていました。人間同士のふれあいや生命にかかわる優しい詩や絵本などの読み聞かせは、いつの間にか聞き入る様子も見られました。

あるとき「靴下が汚い、なんとかしろ！」と怒りに満ちた顔でいってきたMくん。靴下どころではなく足が傷だらけのひどい状態になっていました。授業で取り組んだ「足浴」を保健室で個別に行いました。何度もお湯をかえ最後にクリームで仕上げをしたのですが、M君には心地よい時間だったようです。その後、Mくんが訴えてきたときには気持ちを落ち着かせる意味も含め、保健室での個別の「足浴」をすることに決めました。「いらいらしてるから、足洗え」など乱暴な口調ではありますが、自分から要求してくるようになりました。繰り返すなかで、それが自分をコントロールする手段の一つにもなっていったようです。あんなに人に対し神経を張り詰めていたMくんも、表情が和らぎ落ち着いていったのです。

数例の事例を挙げさせていただきましたが、私が高等部の教員として七生にいた9年間、実にさまざまな問題を抱えた子どもたちと出会いました。「怒り」の強い生徒はいろいろな形でこちらを試します。ともするとこちらの「怒り」も引き出されてしまいます。「性教育」を学ぶこと、「性教育」の授業に取り組むことで、七生の教員たちは子ども理解を深め、人間関係づくりの基本を学んでいったのだと思います。

また、性教育の必要性は「性的問題」だけでなく、「排泄」など日常生活のいろいろな場面で感じられていました。そのことは、各教材説明のなかで詳しくお伝えします。

「性教育」のセンター的役割をになった保健室

必要に迫られて年度途中から急ピッチで進められた性教育体制でしたが、授業内容を充実していくためには保健室が「こころとからだの学習」の「センター」として機能する必要がありました。障害をもっている子どもたちには、目で見て触って実感する具体的な教材がわかりやすく伝わりやすいため、授業者がつくったり使ったりした教材・資料は保健室に置いてみんなが有効活用できるようにしていました。また、指導案や授業ビデオ、授業内容や子どもたちの様子を書いた性教育の通信「さわやかＵＰ」「からだ通信」「学年別年間計画」や「授業のまとめ」などが、各グループの教員たちから保健室に集まってくるようになっていました。忙しい教員が訪れてすぐ手に取ることができるよう、何があるのかが明確にされ、それがスムーズに活用されてこそ生きた資料となります。学校内外でおきる様々なことに対して教員たちは真剣

教材が整備された保健室

に向かい合い、授業づくりをするために保健室を訪れてくるのです。そして、一つひとつの実践が保健室に蓄積され、交流されていくなかで共有されていったのです。だれでも保健室に行けば授業ができるという環境をつくりあげたことも、性教育を進めていくうえで重要だったと思います。また「性教育検討委員会」は、それぞれの課題や授業実践について情報交換をしていき、性教育で大切にしていかなければならないことや伝えていきたいことを整理・検討し、学校全体で取り組むための方針や課題を発信していきました。それは一部の教員だけ、特定の人だけが「こころとからだの学習」をやるのではなく、みんなで授業づくりをしていくという意識になっていったと思います。

性教育の授業は、お互い試行錯誤のなかで実

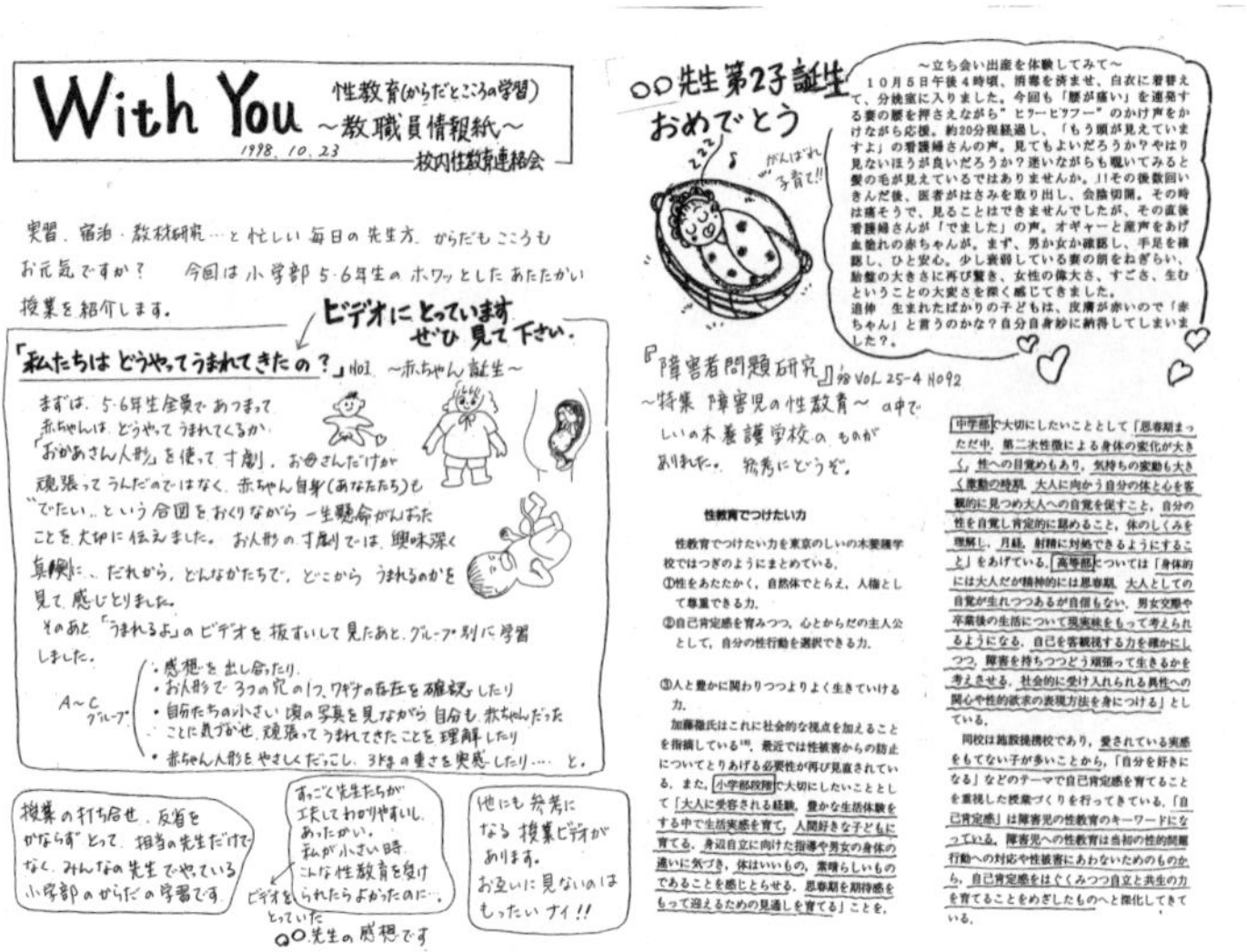

With You
性教育(からだとこころの学習)
～教職員情報紙～
1998.10.23
校内性教育連絡会

実習、宿泊・教材研究…と忙しい毎日の先生方、からだもこころもお元気ですか？　今回は小学部5・6年生のホワッとしたあたたかい授業を紹介します。

ビデオにとっています　ぜひ見て下さい。

「私たちはどうやってうまれてきたの？」No1　～赤ちゃん誕生～

まずは、5・6年生全員であつまって赤ちゃんはどうやってうまれてくるか「おかあさん人形」を使って寸劇。お母さんだけが頑張ってうんだのではなく、赤ちゃん自身(あなたたち)も“でたい”という合図をおくりながら一生懸命がんばったことを大切に伝えました。お人形の寸劇では、興味深く真剣に…だれから、どんなかたちで、どこからうまれるのかを見て、感じとりました。

そのあと「うまれるよ」のビデオを抜すいして見たあと、グループ別に学習しました。

A～C グループ
・感想を出し合ったり
・お人形で3つの穴の1つ、ワギナの存在を確認したり
・自分たちの小さい頃の写真を見ながら自分も赤ちゃんだったことに気づかせ、頑張ってうまれてきたことを理解したり
・赤ちゃん人形をやさしくだっこし、3kgの重さを実感したり…と。

授業の打ち合せ、反省をかならずとって、担当の先生だけでなく、みんなの先生でやっている小学部のからだの学習です。

すっごく先生たちが工夫してわかりやすいし、あったかい。私が小さい時こんな性教育を受けられたらよかったのに…。
ビデオをとっていた○○先生の感想です

他にも参考になる授業ビデオがあります。お互いに見ないのはもったいナイ!!

○○先生第2子誕生　おめでとう

がんばれ子育て!!

～立ち会い出産を体験してみて～

10月5日午後4時頃、消毒を済ませ、白衣に着替えて、分娩室に入りました。今回も「腰が痛い」を連発する妻の腰を押さえながら”ヒッヒッフー”のかけ声をかけながら応援。約20分程経過し、「もう頭が見えていますよ」の看護婦さんの声。見てもよいだろうか？やはり見ないほうが良いだろうか？迷いながらも覗いてみると髪の毛が見えているではありませんか。!!その後数回いきんだ後、医者がはさみを取り出し、会陰切開。その時は痛そうで、見ることはできませんでしたが、その直後看護婦さんが「でました」の声。オギャーと産声をあげ血塗れの赤ちゃんが。まず、男か女か確認し、手足を確認し、ひと安心。少し衰弱している妻の朋をねぎらい、胎盤の大きさに再び驚き、女性の偉大さ、すごさ、生むということの大変さを深く感じてきました。

追伸　生まれたばかりの子どもは、皮膚が赤いので「赤ちゃん」と言うのかな？自分自身妙に納得してしまいました？。

『障害者問題研究』98 VoL 25-4 No92
～特集 障害児の性教育～ の中でしいの木養護学校のものがありました。参考にどうぞ。

性教育でつけたい力

性教育でつけたい力を東京のしいの木養護学校ではつぎのようにまとめている。

①性をあたたかく、自然体でとらえ、人権として尊重できる力。

②自己肯定感を育みつつ、心とからだの主人公として、自分の性行動を選択できる力。

③人と豊かに関わりつつよりよく生きていける力。

加藤徹氏はこれに社会的な視点を加えることを指摘している[10]。最近では性被害からの防止についてとりあげる必要性が再び見直されている。また、小学部段階で大切にしたいこととして「大人に受容される経験、豊かな生活体験をする中で生活実感を育て、人間好きな子どもに育てる、身辺自立に向けた指導や男女の身体の違いに気づき、体はいいもの、素晴らしいものであることを感じとらせる。思春期を期待感をもって迎えるための見通しを育てる」ことを、中学部で大切にしたいこととして「思春期まっただ中、第二次性徴による身体の変化が大きく、性への目覚めもあり、気持ちの変動も大きく激動の時期。大人に向かう自分の体と心を客観的に見つめ大人への自覚を促すこと、自分の性を自覚し肯定的に認めること、体のしくみを理解し、月経、射精に対処できるようにすること」をあげている。高等部については「身体的には大人だが精神的には思春期、大人としての自覚が生れつつあるが自信もない。男女交際や卒業後の生活について現実味をもって考えられるようになる。自己を客観視する力を確かにしつつ、障害を持ちつつどう頑張って生きるかを考えさせる。社会的に受け入れられる異性への関心や性的欲求の表現方法を身につける」としている。

同校は施設提携校であり、愛されている実感をもてない子が多いことから、「自分を好きになる」などのテーマで自己肯定感を育てることを重視した授業づくりを行ってきている。「自己肯定感」は障害児の性教育のキーワードになっている。障害児への性教育は当初の性的問題行動への対応や性被害にあわないためのものから、自己肯定感をはぐくみつつ自立と共生の力を育てることをめざしたものへと深化してきている。

教職員情報誌「With You」

施しているため、よい実践例があれば、教員たちに紹介することも行っていました。『With You』という教員向けの情報誌は、実践例や教材、教具の紹介、性に関する情報や学校内であったこぼれ話などが掲載してあり、「性」のことについて語りあうきっかけとなる身近な情報紙でした。しかし、この情報紙は事件以後、発行することが禁止されてしまいました。

③ 必要とされた「教材」・生み出された「教材」

障害のある子どもたちにとっては机上の学習や抽象的な教材では興味がわかず、理解されにくいため、教材の工夫・開発（アイディ

ア）が重要です。授業では、より具体的な教材で視覚、聴覚、嗅覚、触覚とからだ全体を使って体験することを大切にしていました。今まで述べてきた活動のなかには、子どもたちの小さな声に耳を傾け生まれてきた授業がたくさんありました。

和室での「からだうた」の授業風景

からだうたができるまで

大好きな「からだうた」なぜ不適切なの？

「からだうた」は、こころとからだの学習が始まることを理解しやすい歌で、からだはとても大切なものだと伝えることができるメッセージソングでした。また、リズミカルで、子どもたちがとてもリラックスし楽しんでいたことから、全校に広がっていきました。それが突然、都教委から『不適切』といわれ、歌えなくなったのです。

ここでは、この歌ができるまで、様々な話し合いがなされたことをお伝えします。

教員たちは、「性教育」の学習が子どもたちに楽しい学びのときになることを願って、ねらいや具体的な取り組みについて熱心に話し合いました。

生育歴や障害の状況によっては、周囲の出来事を理解しにくいため身体や気持ちが緊張し、快・不快を感じにくいという子どももいました。緊張を解きほぐし心地よさや快を感じ、自分の身体を意識できる（ボディイメージをもつ）ことを大切なポイントとしました。

〈歌をつくるにあたって、みんなで話し合ったこと〉

・テーマソングを歌うことで、こころとからだの学習が始まることを知ることができる。
・緊張した身体と心をリラックスできるようにする。
・心地よく楽しい歌である。
・歌いながら身体に触って身体を確認できる歌である。
・身体の部位ごとではなく身体の連続性、つながってできていることを意識させボディイメージを育てられる歌である。
・他の各部位と同じように、性器（ペニスとワギナ）の名称も入れる。

「からだうた」

（作詞・作曲：元七生養護学校教員）

あたま　あたま　あたま　の下に　**くび**　があって　**かた**　がある

かた　から　**うで　ひじ**　また　**うで**
てくび　があって　**て**　があるよ　**（もうひとつ！）**

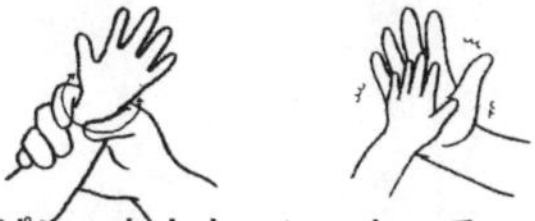

むね　に　**おっぱい　おなか**　に　**おへそ**
おなかの　下に　**ワギナ（ペニス）**　だよ

せなか　は　みえない　**せなか**　は　ひろい
こし　があって　**おしり**　だよ

ふともも　ひざ　すね　あしくび
かかと　あしのうら　つまさき　（もうひとつ！）

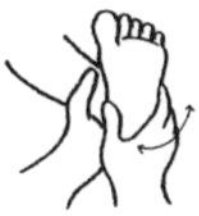

おしまい！！

「からだうた」の歌詞

・手のひらでしっかりと包み込み、安心感が伝わるように触る。「身体はつながってできているね。身体の部位は全部大切なところ、性器も大切な身体の一部だね」という思いをこめて身体に触る。

・性器については、子ども自身の手で確認できるよう工夫する。

・心地よさや安心感「あなたは大切な人なんだ」というメッセージを込める。

みんなこの歌が大好きで親しんでいました。歌えなくなってしまったことは子どもにとっても教員にとっても大きな損失でした。

ペニス模型・トイレ模型ができるまで

怖いよ。自分のからだが変わっちゃう！……大丈夫　大丈夫

ペニスタイツは、高学年になってもおしりを出して排尿してしまう男子児童のために、正しいおしっこの仕方をわかりやすく伝えていく目的でつくられた教材でした。また、箱ペニスは、思春期を迎える男子が精通を安心して受け止め、性器を清潔にすることを具体的に学ぶためのものでした。掲載されている写真を見て、「えっ、なに？　恥ずかしい。こんなものまでつくって授業していたの？」と思われる方もいるかもしれません。

七生の小学部の子どもたちの日々の大きな課題は「排泄」でした。うまくズボンを下ろせずズボンやパンツを濡らしてしまったり、便器に上手に排泄できなかったり……。また、思春期を迎えると自分のからだの変化に驚き、不安から様々な行動が見られます。体毛が嫌で、まつ

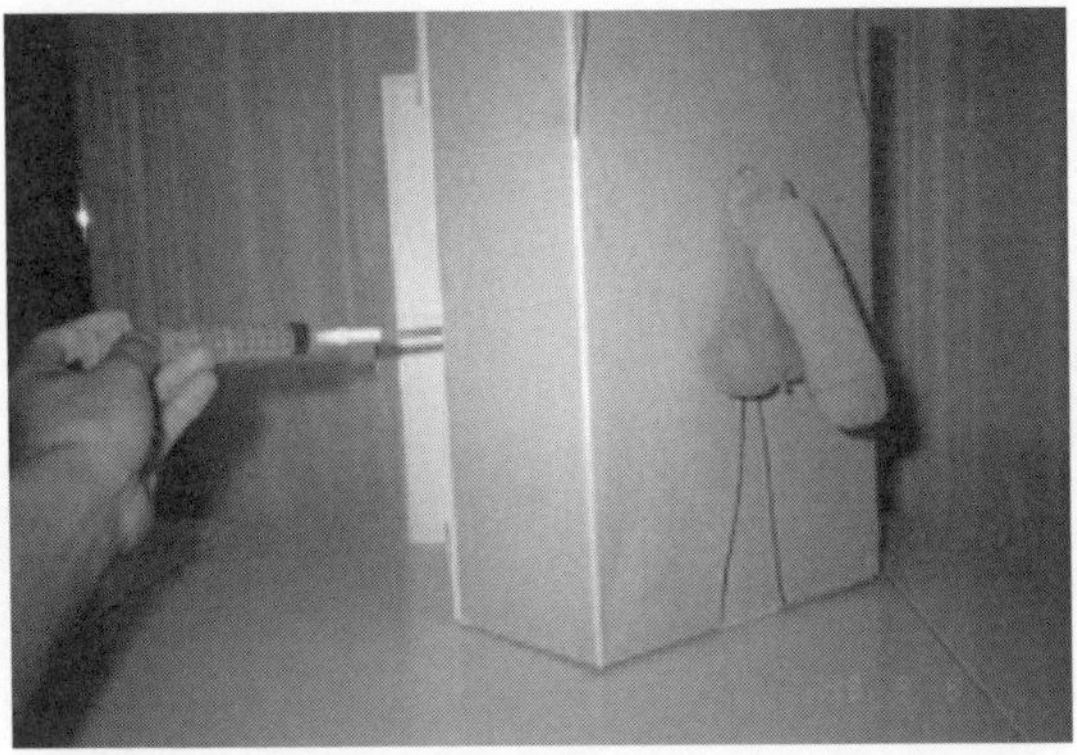

精通現象を安心して迎えられるための「箱ペニス」

「トイレ模型」を使用しての排泄授業

おめでとう！　と迎えられる「子宮体験袋」の授業

毛・眉毛からからだの毛を全部抜いてしまう子。ペニスを切ろうとする子。精液に驚き、さらに大人に叱られると思い汚れたパンツを箪笥の隅に隠す子等々。こういった子どもたちの「成長への不安」を「期待感」に変えたいとこの教材を使っての実践が始まりました。先生たちもみんな同じ。「こういうときは○○にすればいいんだよ」となかまと一緒に成長を学ぶ。そのことを大切にしてきました。どんな子どもたちも、教材が具体的であれば理解が進みます。それで、実践者たちはこの教材を試作したのです。

「子宮体験袋」

みんなは自分で生まれてきたんだ！

「子宮体験袋」は、施設に暮らす小学3年生のA君が、妊婦の先生から赤ちゃんの話を聴いた授業後、出産予定日を過ぎてもまだ生まれない赤ちゃんを思いやってのやりとりからつくられました。「まだ生まれないの？」「きっとおなかの中が気持ちいいんだよ」「僕もおなかの中の赤ちゃんになってみたいな……」。愛された経験の乏しいA君のために担任は、お母さんのおなかの中の暖かさを実感できるようにこの教材をつくりました。ピンク色のキルト生地でつくられた円筒の布ですが、羊水に見立てて温められたふわふわのクッションを入れて、そのなかで心地よさを体験するのです。

「子宮――おかあさんのおなかの中」で、子どもたちは暗くてもそのぬくもりを心地よく感じ、自分で「生まれよう！」と思うそのときを待ちます。そして、生まれよう！　と決めたとき、外に向かって移動を始めます。きつくしまってある産道の出口で「エネルギー」を振り絞り生まれ出ます。外に出ると、「よくがんばったね」「生まれてきてくれてありがとう」「おめでとう！」と先生や友達が拍手と笑顔で迎えてくれるのです。このように、子宮体験袋はおかあさんの子宮の中を体験し、「おかあさんだけが頑張って産んだのではなく、主人公であるあなたもすごくがんばったから生まれたんだよ！」というメッセージを体感してもらうために製作されたのです。自分の「誕生や生」そのものを肯定できない子どもたちが多くいた七生では、こういったメッセージを伝えることが大切だと考えました。

等身大の「家族人形」

家族人形はどうやって使われたのか

都教委が「性器付き人形」と悪意を持って命名した「家族人形」は、七生養護では大切に扱われ授業によく登場しました。「大人と子どものちがい」「からだの部位や名称」「二次性徴」で変化していくからだ（性毛が生えたり胸が膨らんだり）などを勉強するのに平面ではなく、立体的でとても優れた教材でした。この大きな人形が出てくると、子どもたちは目を輝かせ反応がとてもよいため、「身だしなみ」「家族ごっこ」や「仲間づくり」「マナー」「デートごっこ」などいろいろな授業で活用され、子どもたちにとって親しみのある教材となっていました。このように、一つの教材で子どもの実態や年齢によって様々な授業のなかで、テーマに合

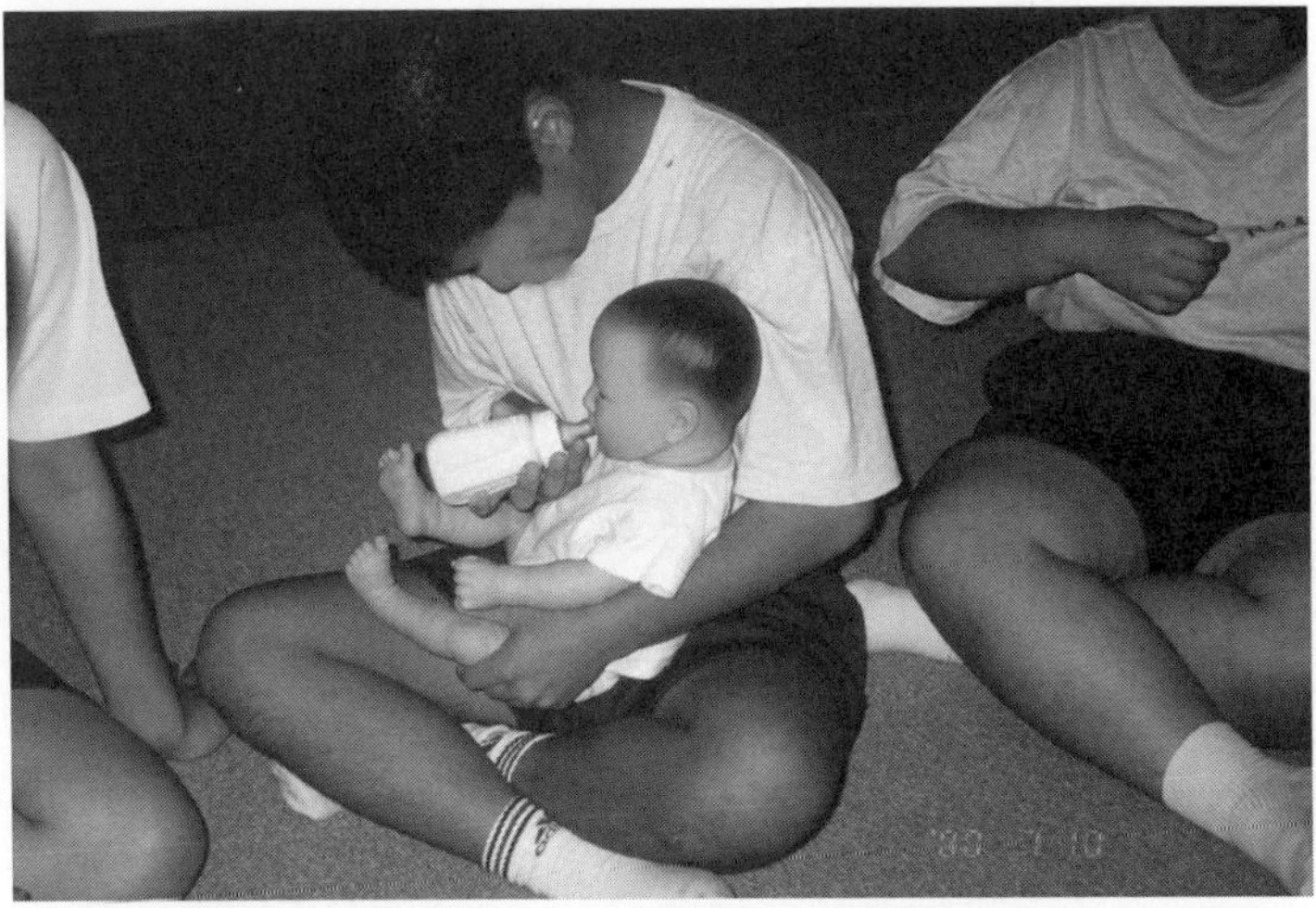

赤ちゃんにミルクをあげてみよう「赤ちゃん人形」

わせ発展した使い方をしています。七生では、小学部段階から、性器も含め楽しみながらからだの名前を知り、大切にしていく取り組みが必要とされる実態がありました。

④ 20年を経て改めて問い直す

当時、「障害児教育は教育の原点」といわれていたとおり、障害児学校は子ども一人ひとりに焦点を当て「人間」としての育ちを見守り、必要な手助けを丁寧に行うという意味で、たしかに教育の基本が学べる場であると実感していました。何より出会ったたくさんの子どもたちから、教員自身が「人間」として学ばせてもらっていることを感じていました。当時の七生養護学校はこうした『教育の原点』が大切にされていた学校でした。

子どもを包む学校全体の「空気」——学校が安心できる時間・空間に——

教員たちは、心が不安定で、いつも自分に注意を向けるための行動をとっている子どもたちの「心の幸せ、心の安定」について日々話し合っていました。そして、それは特別なことをやるのではなく、ちょっとしたことが日常生活のなかに、少しずつ散りばめられていることが大切なのではないかと考えるようになりました。つまり、自分としっかり関わってもらえたと実感できる時間がある。受け止めてくれるという安心感がある。きれい、おいしい、いいにおい、あったかい、気持ちよいなど五感で心地よさを感じるものなどが、生活全般にあるということです。

心に傷を持った子どもたちには、うれしい気持ちになったりホッとできたりする時間や、自分のことを大切にしてくれている、安心して過ごせるといった実感が、心の安定につながることがわかってきました。それで、授業だけでなく学校生活全体のなかに、癒しや安らぐ人間関係づくりを意識した取り組みが多く取り入れられるようになりました。子どもたちは足浴、マッサージ、蒸しタオル、教員とのふれあいなど大好きでした。リラックスできる日常は〈こころをひらく〉(学校目標にも示されている)大事な時間となっていきました。なんでも話してい

体育館での自由発表「コンサート」

い雰囲気づくり、共感できる場、自分をさらけ出せる関係づくり、そういった授業や学校生活の積み重ねのなかで、子どもたち一人ひとりの心を受け止めていきました。それが少しずつ子どもの自己肯定感へとつながり、心の安定を保ちながら生活していける力になっていったのかもしれません。心地よさそうな笑い声、満足げな顔、「こんどはいつやるの？」「早くこないかなぁ」と、子どもたちは「こころとからだの学習」を楽しみにし、徐々に学校が安心できる場となり、ひとへの信頼が育っていったように思います。性の知識だけではなく、ひととのふれあい・かかわりを大切にしていたのが七生の「性教育」であり、それは「学校生活」そのものでした。

どんなふうにクラスや学部を超えた交流場面が創り出されていたのか、その「学校生活」の一部を以下にあげます。

○ふれあいタイム

朝一番、まずはゆったりと「ふれあいの時間」です。毎朝の日課になっている髪結い、歌や揺さぶり遊び、また話を聞くなど様々な対応がなされました。

あったかくて気持ちいい〜「足湯」

○体育館での自由発表

自由時間に体育館の舞台を使い、ひとりで、ときにはグループで、歌や踊り、楽器演奏など、自由な発表が行われていました。クラスや応援隊がチラシをつくり配布することもありました。照明や音響を担当する大人たちも、教員・事務職員と様々でした。また、保護者や施設の職員が花束をもって駆けつけてくれることもありました。

○イキイキタイム

高等部では昼食後「イキイキタイム」があり、音楽室、パソコン室、体育館、保健室など様々な場所で、子ども、大人が自由に交流していました。クラスで話し合い足湯コーナーや喫茶店を開くなどの催しが開かれることもありました。

○ハッピータイム

中学部では教員に一対一で相談できる「心の相談室」を設けていました。これは、生徒の要望から悩み相談だけでなく、好きな活動を教員と安心して楽しむ「ハッピータイム」という時間に発展していきました。教員に本を読んでもらう、歌や手遊びをしてもらうなど自分で選んだ小さな願いが叶う時間でした。

○変身ごっこ・変身ルーム

小学部ではウキウキできる活動として、変身ごっこを行いました。お姫様、野球選手、ドラえもん、スーパーマン、コックさんなどに変身し、ファッションショーやミニシアター仕立てで自己表現を楽しみました。子どもたちは目をキラキラさせて衣装やアクセサリーを選んだり、お化粧したりしていました。

○いいところさがし

自分の「よさ」をなかなか見いだせない小学部の子どもたちに自信を持ってほしいと思い、授業や帰りの会で「ともだちのよかったこと」を発表する時間をつくりました。初めは教員が子どもたちのよかったことを発表しましたが、学期の終わりには教員が気づかなかった友だちの頑張りや変化を言葉にできるようになっていきました。

○こころのしっぷ

N子さんは、自分の気持ちを言葉にすることが苦手で暴言をはくなど、感情のコントロールができにくい生徒で、イライラした気持ちを落ち着かせるために保健室に来ることがありました。あるとき、シップをハート型に切って、マジックで「あんしん」と書いてN子さんに語りかけました。「こころのシップだよ。これを胸につけるとあんしん。大丈夫だよ」。N子さんは、丁寧に関わってもらった実感があったようで、落ち着いた様子になりました。それから、イライラすると「また『あんしんシップ』貼って」と訪れ、落ち着きを取り戻すと教室に戻って行きました。ときには私に「ありがとう」とお礼まで言葉にするようになりました。N子さんのように怪我の手当だけではなく「こころのきず」のケアを求めて保健室に来る子どもたちが何人もいました。

こころのしっぷ

また、七生養護では教員だけではなく、様々な大人が子どもたちを見守ってくれました。いくつかエピソードを紹介します。

コンセントやコードに興味津々のY君は、事務室にも日参していました。事務室中を探検しコンセントを見つけると、コードを抜いたり差し込んだり絡ませたりといった「実験」を繰り返します。ある日、行動や好みをずっと見守ってくれていた事務室のAさんが「Y君のひきだし」をつくってくれました。それからは、Y君は事務室に入ると引き出しを開け一通りの研究をすると、満足気に教室に戻るようになりました。

R君は落ち着いて授業を受けることができず、裏山や校舎内外を徘徊します。校長室も行先の一つで、校長先生に大好きな演歌を何曲も歌って聴かせて、褒めてもらうことで気持ちを落ち着かせていました。演歌を聴かせる喜びは、今でも彼にとっての生きがいとなる活動につながっています。

用務主事さんは、怒りを鎮められずにいる生徒と担任との長いやり取りが続く廊下を、何度も往復し清掃していました。そして、放課後その担任に「先生、今日頑張ったね」と声をかけてくれました。こうやって私たちを見守り、応援してくれていたのでした。

友だちへの暴力暴言を繰り返す子どもたちと必死にかかわる教員たちに、保護者も力強い支援者となってくれました。あるとき、授業時間中に学校外で一人行動しているM君の形相から異変を感じ取った保護者たちがすぐに学校に連絡をくれたことがありました。問題が表面化したことでM君と深いやり取りができ、彼自身、自分がやってしまった問題だけでなく、心の奥にある気持ちを泣きながら言葉にすることができたのでした。

また、教室でM君の暴力を心配する保護者からの声が届いたときには、すぐにクラス保護者会を開き考え会いました。保護者たちは、「いろいろあるけど、とにかくみんなでM君を守っていこうよ」「私たちは協力するよ」といってくれました。わが子だけでなく、問題を抱える子どもの成長も一緒に見守ってくれた保護者に心から励まされました。

七生の「教育目標」と性教育

日々のなかで起こる出来事と向き合うとき、子どもの問題とするのではなく、どうしてそうなったのか、どうしたら子ども自身がそのことを受け止め「自分を生きる」ことに前向きになれるのか、教員たちは時間をかけ話し合いました。その結果、だれでもが持っている人間としての「権利」を土台にしていくことを、七生の教員たちは選びました。2年をかけて話し合いつくられた「学校教育目標」は、教員の思いが凝縮され、心の軸となっていました。しかし、事件後、たった1年でそれも奪われてしまったのです。その無念さは言葉になりません（資料1、2参照）。

教員たちにとって「性教育」を学ぶことは、子どもを深いところで理解するために大事なことでした。「性」を特別視するのではなく、当たり前にとらえることが「あなたのからだ」「あなたが生きていること」を肯定することにつながるからです。

七生養護の教育実践が完璧なものだったとは、もちろん思っていません。教育実践とは常に子どもに視点を当てながら反省し練り直しより良くしていくものだと思っています。七生の教師集団は少なくとも、目の前の子どもの現実に目をそらすことなく支えあい試行錯誤を繰り返し、教育実践を積み上げていきました。2003年の事件はそれらをすべて奪い去っていったことを知っていただきたいのです。

改めて問う、七生事件で壊されたもの

なぜ七生が標的となったのか、それは七生養護が学校全体で「性教育」に取り組んでいたこと、それをいろいろなかたちで発信していたことが大きかったと思います。

さらにいま改めて振り返ると「障害児」に対する偏見が見えてきます。当時都知事だった石原慎太郎氏が、重度の障害者施設を訪問した際、「彼らに人格はあるのかね?」と発言したことはよく知られていることです。また七生裁判の法廷で、裁判官から「障害児教育の知識」についてて問われた都議は「ない」と即答していました。

このように、「性教育」バッシングをすすめた人たちは、障害児が抱えている問題への関心

資料１　都立七生養護学校教育目標

<前文>

七生養護学校は、日本国憲法と教育基本法の精神に基づき、かけがえのない生命をもつすべての児童・生徒の人間としての尊厳を守ります。信頼感や共感に基づく自己肯定感を育み、社会の一員として自分らしく生きる力を育てることを目標として、次のような教育目標を設定します。

<目標>

なかまとともに　からだをつくる　こころをひらく
たのしくまなぶ

「なかまとともに」…信頼できる人間関係の中で、集団への参加や共同生活・役割を果たす経験などをとおして、自分をとりまくさまざまな人々や社会とつながる力を培っていくこと」とし、「からだ」「こころ」「まなぶ」すべてにつながることと考え、位置づけられた。

からだをつくる…自分のからだを意識し、からだやこころのコントロールを学ぶ中で、自己や他者の生命、からだを大切にする気持ちを育てること

こころをひらく…ありのままの自分を認められたり、他人の気持ちに気がついたり、様々な活動の中で自己表現していくことで一人ひとりの心を受け止め、自己を表現できる力を育てること

たのしくまなぶ…わかる、気づくことの楽しさを知り、その気持ちを共有することを大切にしながら、自発的に学び意欲や物事への興味・関心を高め、課題に対して自ら向き合う力を育てること

資料２

「性教育の時間」として大切に考えていること①

<心地よさの体感やボディイメージを育てる時間>

・リラクセーションタイム、ハッピータイムとし、からだの緊張をとる時間
・人とのふれあい、かかわりを多くもち「安心感」「人を好き」と感じられる時間
・清潔なからだは「気持ちよい」スキンシップは「心地よい」「からだっていいもんだ」と思えるようになる時間
・からだの成長や心の変化、男女の特徴に気付いていける時間
・自分を守り、からだを大切にする気持ちを育てる時間
・自分自身の「よさ」や友達の「よさに」気づき、お互いに自分らしさを出せる時間
・自分に自信が持てるようになり、自分を好きと思えるような時間
・恋愛・交際を通して素敵な人間関係を考えあう時間
・性交・妊娠・出産・育児・避妊など、必要によって科学的な知識を学び豊かな人間関係を築く時間

「性教育の時間」として大切に考えていること②

「自分育てと人との関わり」を中心にすえ
安心するふれあい、大事にされる人間関係を十分に
→快を感じる気持ちを育てる→快を伝えるために

【心にとっての快】
＊目を見て一生懸命話を聞く、気持ちをわかろうとする、気持ちを受け止める
＊一緒に過ごす快（喜び・嬉しさ・楽しさ）を感じる
＊相手を大事にする様子を見たり、その体験をあじわう
＊指示語はなるべく控え、やさしい声かけをする

【体にとっての快】
＊やさしく触れる、手のひら全体で触れる
＊抱きしめる
＊気持ちよいお湯の温度を体験する
＊マッサージ・エステ・リラクセーション
＊香り・音楽でリラックス

や理解など、皆目なかったのではないかと思います。つまりは、人権に対する理解が非常に乏しいといわざるを得ません。

攻撃した人たちは、教材の教育的意味や使われ方にはまったく関心を示さず、意図をもって部分的に切り取った教材写真を「過激教材」「アダルトショップ」とセンセーショナルな言葉で扇動的に報道しました。事実、都議会や国会、自民党会館などで七生の教材を含めた「過激性教育」と名付けた教材展示会が行われており、そのときの映像を見ると、性器部分を強調し「アダルトショップ」教材に仕立てあげていることがよくわかります。また、「性教育バッシング」グループと関係があった他県の教員が、早い時期から学校見学と称し七生の保健室を訪れて、教材をチェックし、議員たちに情報を流していたこともわかりました。「視察」が組織がらみであったことが、その教員のブログからも明らかになりました。こうした一部のメンバーたちによって意図をもって「性教育バッシング」や「七生養護学校事件」が引き起こされたのです。

一方で、性教育バッシングに合わせる形で民主的教育の在り方そのものも壊されてしまいました。保護者を含め、自由で民主的な学校づくりが展開されていた時代から徐々に都教委や管理職からの管理統制が強まっていき、集団ではなく個別的対応を迫られるようになっていきました。教員の仕事内容も、個別指導計画、授業計画や報告書の作成など事務量が増え、子どもにじっくり関わったり子どもたちのなかにある興味や意欲を基本に授業を考えたり、困りごとなどを出し合い考えあう時間も奪われていきました。教員集団がつくり出す創意工夫やダイナミックな取り組みの機会も少なくなっていき、実質的に民主的な教育が縮小して管理統制の徹底がなされていったのです。

1967年革新都政誕生のなかで、東京の障害児教育も変わっていきました。多くの保護者、関係者の悲願だった障害児の全員就学が国に先駆け達成されたのが1974年。障害があっても当たり前に学校に通って教育を受けることができることが、多くの子どもたちの未来を明るくしました。このころの東京都は日本一の障害児教育をつくろうと努力していたと教育行政に携わっていた方から聞いたことがあります。教員たちと保護者とが一緒に協力し合い、創意工夫がなされ発展していったのが障害児教育でした。しかし、徐々に教育そのものへの管理が強まるなか、障害児教育へも影響が表れていきました。子どもたちから学び考え導き出すような、子どもを中心に据えた学校づくりはなくなってきています。学校内での話し合いの時間も奪われ、創意工夫が許されなくなり上から決められることに従うことが多くなっています。七生事件と同じ年には「日の丸」「君が代」強制も始まり、教育全体から自由で民主的な取り組みが消えていきました。

その意味では、自分たちの信念で「性教育」を標的にバッシングしたグループの動きに呼応し、子どもを中心に据えた自由な学校づくりを否定し、管理的な学校にしたいと願っていた一部の教育行政のひとたちが動いたことによって起きたのが「七生事件」だったのではないかと思っています。

「七生事件」は、性教育を含めた教育本来の在り方を問う闘いであり、それは今もまだ続いているのだと思います。考え方は違ってもいい、でも大人も子どももたくさん対話して、行きつ戻りつしながらもよりよい教育をつくっていくことだけは終わりにしてはいけないと、今も強く思っています。

第2章

保護者も納得できなかった「七生養護学校事件」

洪 美珍

その当時、保護者の私たちは障害のある子をどうやって育てようかと、悩みを話し合ったり、本を読んで学習会を開いたり、福祉制度の情報を交換し合ったりと、息子が小学校に入学した頃（1990年）、先輩のお母さんたちと、勉強会を開いていました。

そんななかで、一番困ったのが性の問題でした。女の子は生理が始まります。からだの変化、手当の仕方など、どうやって教えていったらよいのか、男の子は夢精が始まったら、どうすればよいのかと。お父さんに教えてほしいのだけれど、お父さんも障害のある子へどうやって教えればよいかわからない……。なかなか他人にはいえない悩みを先輩のお母さんたちはどうしていたのか、障害者施設の指導員さんや養護学校（当時）の元教師など、つてを頼ってお話を聞いたりしました。集まっていたメンバーのそれぞれが障害も、発達程度も、年齢もまちまちで家庭で悩みながら、それでも工夫しながらなんとかしなければと、助け合って子育てをしていました。人前でしてはいけないこと、他人からされたら、いやといったり逃げたり、助けを求めたりしなくてはいけないということ、恥ずかしいということがわからない子どもたちに、何をどうやって教えていけばよいのかと、苦慮していました。

七生で、性教育が始まったのは息子が中学部に入った頃でした。まだ全校での取り組みではなかったかもしれませんが、授業内容は保護者にも提示されました。親同士で話し合ったり、解決するのは難しかったのに、なんでも相談できるんだという安心した気持ちになりました。

高等部に入ったときには、入学して開かれた最初の保護者会で、保健室の先生から性教育についての説明がありました。「生まれるよ」というビデオを見せてもらって、とても感動したのを覚えています。保護者はみんな理解していたのに、このビデオも性器を写していると批判の対象になったのにはびっくりしました。当時、2歳下の妹の小学校でも性教育の授業があって、保護者会でその説明を聞いたときに、「性」について科学的にきちんと教えるということはよいことだと思っていたので、養護学校でも取り組んでもらえると知り、私はとても喜んでいました。

息子は重度のクラスだったので、からだの部位・名称について学んだり、清潔にすることが大事だということや、鼻をかむ、トイレでの後始末、ひげを剃る、お風呂の入り方などを教えてもらっていました。からだの名称を覚える授業では、鏡を見ながら名称の書いてあるシールを自分のからだに貼っていくのです。とてもわかりやすく具体的な方法だと感心しました。赤ちゃん人形を使って、おむつを替えたり、お風呂に入れたり、抱っこしたりする練習もしていました。子どもの泣き声が苦手で嫌いだった息子が小さい子や妹たちに優しくなったと思います。同級生で、お姉さんがお産のとき、ほかの家族はだれもいなかったのですが、病院につきそっていき、とても助かったということがありました。お姉さんと一緒に腹式呼吸をして励ましていたそうです。出産の勉強もきちんとしていたので、ちゃんと理解していたのだとお母さんが話していました。

私の息子は2001年に亡くなったのですが、2003年、事件の起きた年の3月には同級生みんなと一緒に卒業式に参加させてもらいました。一番穏やかで充実した幸せなときを七生養護学校で過ごさせてもらいました。

七生の事件を知ったのは2003年7月5日、産経新聞に記事が載った後です。何人かの保護者で連絡を取り合いました。すでに都庁に電話したり、メールをしたりしているという人もいました。保護者は授業の内容をよく理解しているし、とてもありがたいと思っている、ぜひ性教育は続けてほしい、性教育がなくなるのは困ると話しました。産経新聞には、事実と違う悪意ある記事だから訂正記事を出してほしい、そのせいで兄弟が二次被害にあっていじめられているなど、抗議の電話をかけました。そのときはまだ、事実が伝われば都教委もわかってくれると思っていました。でも、時間が経つにつれ、何も変わらないことに焦りを感じ、私は地域で署名活動を始めました。障害のある女の子が簡単に人について行ってだまされて性被害に遭ったり、障害者の作業所では性の問題で周囲を悩ましていたりしている事例があるということを聞いていたので、七生養護学校の性教育はどんなに必要だったか、これからもなくさないでほしいとの思いを込めました。教材を返してほしい、先生たちの処分を取り消して、元のあたたかい学校に戻してほしいと伝えました。

署名活動は多くの養護学校や都立学校、日野の地域に広がっていきました。その頃「10・21通達」といわれる「君が代・日の丸」問題で都立高校の処分を巡って立ち上がっていた他校の保護者の人たちともつながり、多くの人たちが七生養護学校に起きた事件を知って下さるようになりました。神戸の大震災があったとき、七生の生徒会が中心になって募金活動をし、届けたことがありました。その神戸の養護学校からも「七生養護のみなさん、頑張ってください」というたくさんのメッセージと署名が届きました。

石原都知事（当時）は就任して間もなくの頃、重度の障害者施設を見学した際、「あの人たちにも人格があるのかね」と発言し、大ひんしゅくをかいました。障害者への理解にも、想像力にも、配慮にも欠けた言葉でした。

七生養護学校事件では、事前に都議会で「過激な性教育をしている学校がある」と土屋都議（当時）が質問し、「異常な信念を持って、異常な指導をする先生たちがいる」と石原都知事が答えています。その前には山谷えり子参議院議員が「過激な性教育、ジェンダーフリー教育を行っている学校がある」と国会で質問しています。知的障害を持つ子どもには障害の違いや、発達段階、生活年齢、家庭環境からくる違いをふまえて一人ひとりについて、とても細やかな教育や指導が必要です。それをどんな必要性があったのかということには触れず、「性器の名称を連呼した」とか、教材を「アダルトショップのようだ」とか、卑猥でいやらしいというイメージを一部のマスコミがまき散らしました。

それだけではなく、「結婚できない障害児に教える必要があるのか」という差別的な質問を議会でした日野市議もいました。結婚する人もいますし、結婚しなくても豊かな人生をさまざまな形で送る権利はだれにでもあります。性教育には「からだの仕組みや生命の誕生を科学的に学ぶ」「自己肯定感を育む」「相手を尊重することを学ぶ」など「包括的」といわれる理念がさまざまありますが、ただただ「教えるな」という姿勢でした。子どもたちのニーズから生まれたということは無視して、「性教育は家庭で」と都議、都教委はいうばかりでした。

できることはなんでもしたいと、応援してくれる日野市民の方々と一緒に、都教委に会いに行ったり、都議会議員に会いに行って話を聞いてもらいました。新聞やテレビなどマスコミでも取り上げられましたが、現実は何も変わらず、ついに先生方と一緒に教材返還と処分取り消しを求めて裁判を始めました。保護者では私と当時のPTA会長の2人が原告団に加わりました。保護者の方々は応援してくれていましたが、障害児を抱えての日常生活のなかではなかなか活動に参加することは難しかったと思います。でも、署名活動や、本を出すときの座談会や、裁判での証言など様々な場面で力を貸してくれました。

七生養護では、当時の金崎満校長がいち早く学校運営連絡協議会を設置し、性教育の授業も含めて地域の方に学校を公開していました。協議会のメンバーはいつも七生養護の教育には高い評価を下さっていました。性教育の授業の公開もありました。見学した方々はみんな感動し、「こんな授業は普通学級でも必要だ」「こんな授業を受けたらきっといじめなどなくなる」といってくださいました。保護者も授業はよく見ていたし、連絡帳などで先生とのコミュニケーションもよくとれていたので、性教育は評価されていて、都議会で問題にされるような状況はまったくありませんでした。

裁判が始まり、意図的に七生養護学校が狙われた事件だったのだということを知りました。都議が直接教育に口を出すことは違反です。でも、保健室で都教委に指示を出し、教材や性教育の授業を記録したビデオを出させたのは都議です。先生たちが長年苦労して工夫してつくってきた教材を持ち去りました。裁判中は都庁の地下の倉庫でかび臭くなっている教材を時々借りだして確認していましたが、今はどうなっているのでしょうか。裁判に勝っても、家族人形たちや子宮体験袋など、大切な教材が子どもたちの前に戻ることは二度とありませんでした。古賀俊昭都議（当時）は保健室の先生たちを「性教育はアカの考えだ、全部暴いてやる」と恫喝していました。裁判で「授業を見たことはありますか？　生徒たちのことを知っていますか？」と、古賀都議に聞きましたが、そんなことは必要ないと答えました。裁判長は重ねて直接質問をし「あなたは心理学や教育学などについて勉強したことはありますか？」と聞きましたが「まったくありません」と堂々と答え、裁判官や傍聴者たちを驚かせました。

裁判や集会にいつも都議と一緒に来ていた人がいますが、この人が学校公開日に来て、事前に七生の教材を綿密にチェックしていたということがわかっています。都議はこの人から情報を得て、都教委と産経新聞の記者を連れて、七生養護学校に乗り込んできたのです。安倍首相の銃撃事件が起こり様々な背景が見えてきましたが、性教育に反対する人たちは選択的夫婦別姓にもＬＧＢＴＱなど性の多様性の理解が広がることにも反対しています。従軍慰安婦はいなかったと主張しています。現在、そのことに再び注目が集まっていますが、もしあのとき声を上げなければ、七生事件は特殊な学校で起こったこととされていたかもしれません。

性教育がようやく日本でも始まろうとしていた２００２年に、厚労省が学校に無償配布するはずだった冊子『思春期のためのラブ＆ボディＢＯＯＫ』が生徒の手に渡らなかったということがありました。山谷えり子参議院議員が国会で疑問を呈し、自主回収に追い込んだのです。当時参議院議員だった田嶋陽子氏は以下のように反対意見を述べています。「この冊子は、異性とどのように付き合ったらよいのか、望まない妊娠を避けるためのコンドームやピルの紹介、それから性感染症にはどのようなものがあるのかなどについて詳しく紹介しています。（略）産む、産まないを決めるのは女性本人であるといっているということは、堕胎を勧めていることにもなると、山谷議員、亀井（静香）議員が批判していますが、女の人はちゃんと自分がどうしたいか主体性を持つことが大事だ、自分のからだと人生は自分で守らなくちゃいけないんだよって。自分で決めていく権利があなたにはあるんだよって、そういう練習を中学生のときからさせようとしているんですね」と。世界では主流になっている包括的性教育の大事さを語ったのですが、先駆的すぎたのか当時無所属だった彼女の発言はほとんど注目されませんでした。ずっと同じ流れのなかで起こっているということを、これからも訴えていきたいと思います。

東京高裁に向けて出した私の最終陳述書です。

意見陳述書

東京地方裁判所　２００８年５月15日

40年以上前のことになりますが、「赤線」と言われるところで働いていた、住む所もなく、身よりもなく、年老いていく女性のための終の棲家を作る、ということを1人の牧師さんが提唱され、高校生だった私もこの募金活動に参加しました。いまでもこの施設は千葉にありますが、ここで暮らす人の大半の方に知的障害があるという話を聞き衝撃を受けたことがあります。刑務所で暮らす人の何割かの方も知的障害があると言われていて、触法障害者のことが最近は話題になるようになってきていますが、障害児の親はみんな親なきあとの子どものことをとても心配しています。

学校で学べるのはほんの数年で、その後の人生の方がはるかに長いのですから、親は卒後の生活のことをとても心配しています。七生養護学校の性教育は指導要領にも東京都の手引きにも違反していないということは裁判でも明らかになりましたが、親としては、学校にいる間に生きていくために必要なことをなるべくたくさん学んで欲しいと願っています。「こころとからだの学習」では子どもたち一人一人が受け入れられておちついて学べる環境を作ってくれている、家庭では教えることが難しい大事なことを勉強していると親たちは認識していました。だから事件が起きた時にはたくさんの保護者が東京都教育委員会や産経新聞に抗議の電話をかけました。

でも、そういう声や、事件後に行なわれた保護者説明会の時の親の意見には東京都教育委員会は全く耳を傾けず、すぐに先生たちを処分し、いまだに教材を戻さないのはなぜなのか理解できません。教材は子どもたちが学ぶのにとても大切なものです。七生の教育は何年もかけて先生方が先生同士や子どもたちと一緒に培ってきて積み上げてきたものです。まだまだ完成ではなくこれからも子どもたちの必要性からどんどん新しいものが生まれくるはずでした。性教育がないときには困っていた親の声や子どもたちの声を吸い上げ、作り上げてきたものです。それはこれからの子どもたちのためにもあるはずのものでした。

また、七生はここほんの数年で先生方が全く入れ替わってしまったのも子どもたちにとっては大きな痛手でした。今までは相談するところや行くところの少ない障害のある子にとって学校は卒業後も子どもたちの拠り所となっていましたが、先生方の入れ代わりが激しく新しい先生ばかりになってしまい、遊びに行ったり、相談に行けるところではなくなってしまいました。どうしてこんなことになってしまったのか、本当に悔しい思いです。

多くの親は毎日の障害のある子との忙しい暮らしのなかで、思うようには声を上げられません。声をあげるにはあまりにも少数者です。まして障害のある当事者はもっと弱い立場にあります。障害児学校だからこんなに乱暴なことが平然と行なわれたのかと思うと悲しい思いがすると同時に許せない思いです。さまざまな形でこの裁判に協力して下さったここには来る事ができない多くの保護者や声を上げられない子どもたちの声を届けたいと、最後の思いを述べさせていただきました。

以上

七生事件は10年もかけて裁判に勝利しました。裁判所は「性教育はまだ発展途上の段階で、これからも創意工夫して行っていくべきだ」と教育の自由について言及してくれました。でも10年経った今もそれが、実現していないのがとても残念です。

第3章 こころとからだの学習裁判
——三つの判決の成果と課題

中川 重徳

こころとからだの学習裁判は、2005年5月の提訴から2013年11月の最高裁判所第一小法廷の決定まで、8年をかけてたたかわれました。2003年の事件から数えれば実に10年の月日になります。原告を中心に力をあわせて勝ち取った裁判の成果を、今後の課題にも触れながら紹介します。

裁判への道のり

2003年7月、前年から各地で激しさを増していた性教育バッシングがその標的を七生養護学校に絞り、前代未聞の教育内容への介入が行われました（具体的内容は、第1章をお読みください）。

七生の教員は、日々の出来事を必死に記録し、声をかけあって職場のつながりを守り、仲間や家族に支えられながら一日一日を過ごしました。学校全体が重苦しい雰囲気に覆われ、子どもと向き合う教育を否定され奪われた教員たちのなかには心身の変調をきたす人も少なくありませんでした。保護者も、子どもたちが大好きだった授業が、事実とかけ離れた形で報道され、それに教育委員会までもが同調する事態に大きなショックを受けていました。

そのようななか、この攻撃にストップをかけようとする努力も始まりました。多摩地域の市民と弁護士が七生の教員や保護者からの聴き取りをもとに作成したブックレット『七生養護の教育を壊さないで――日野市民からのメッセージ』（つなん出版、2004年3月30日発行）は、七生の教育とそれに対する攻撃を広く社会に知らせる強力なツールとなりました。また、性教協や障害児学校労働組合のメンバーと都内

提訴を決意（裁判所前にて）

の弁護士が協力して取り組んだ東京弁護士会に対する人権救済申し立てには（2003年12月22日）、七生の教員・保護者とともに、山田洋次、小山内美江子、斉藤貴男、堀尾輝久、朴慶南さんら著名人、専門家、市民が参加し、申立人は8125名に及びました。

東京弁護士会は、2005年1月24日、都教委に対し、厳重注意の撤回、教材の返還、性教育カリキュラムを復活し不当な介入をしないよう求める「警告」を発し、七生の教員や性教育バッシングとたたかう人々の大きな励ましとなりました。

3人の都議や都教委らは、弁護士会の聴取要請にも不誠実な対応に終始し、自らの正当性を堂々と説明することすらできませんでした。七生の教員は、多くが七生から異動させられながらも、事件の真実を伝え七生の教育を取り戻すために裁判の場でたたかうことを決意しました。

こうして、2005年5月21日、25名の教員と2名の保護者が、3人の都議、産経新聞社、都教委・東京都らを被告として、没収された教材の返還、慰謝料の支払いと名誉回復記事の掲載を求める裁判を起こしたのです（後に教員4名が原告に加わりました）。

一審・東京地裁判決

約4年の審理を経て、2009年3月12日、東京地裁民事第24部の矢尾渉裁判長は、以下のとおり、都議と都教委の違法性を認め損害賠償を命じる判決を言い渡しました。

（1）まず、判決は、「視察」の際の都議らの言動と都教委の対応を違法としました。

教育基本法10条1項は、「教育は、不当な支配に服することなく、国民全体に対し直接に責任を負つて行われるべき」としています（2006年改正前。改正後も同趣旨の条項があります）。判決は、都議らが、保健室で養護教諭に対して「からだ歌を宴会で歌えるんですか、感覚が麻痺しているよ」など、七生の教材や実践を不適切と決めつけて非難したり、自分たちを国税庁の調査になぞらえ「俺たちは国税と同じだ」「このわけの分からない二人は出て行ってもらっていいんだ」などといってファイルを持ち出そうとしたことなどについて、養護教諭らへの侮辱にあたると同時に、「政治家である被告都議らがその政治的な主義・信条に基づき、七生養護学校における性教育に介入・干渉するものであり、同校における教育の自主性を阻害しこれを歪める危険性のある行為」として「不当な支配」にあたると断じました。

（2）判決は、教育委員会について、教育条件整備義務（旧教基法10条2項）の一内容として「教育に対する『不当な支配』から教員を保護するよう配慮すべき職務上の義務」があるとし、都教委が、三人の都議らが七生の性教育を強く批判していることを知りながら（彼らは、かねてから性教育一般を「新たな革命運動」といって敵視し、土屋都議の質問前には七生を含むいくつかの学校の性教育を問題視して教育庁に圧力をかけていました）、視察当日、養護教諭らがいる状態で都議らの視察を開始させ、都議らが直接養護教諭らを批判・非難し始めたのに教諭らを退席させたり都議らを制止しなかったことは、この保護義務に違反する違法行為であるとしたのです。

（3）都教委の厳重注意処分についても、「原告教員らは、七生福祉園や保護者の意見も徴しながらその創意工夫により本件性教育の実践を積み重ねていた」と評価したうえで、問題とされた教材や実践について詳細に検討を行い、本件処分当時にこれらの実践が学習指導要領や生徒の発達段階に反することが明らかであったとはいえないとして、厳重注意処分は裁量権を濫用した違法なものであるとしました。

注目すべきは、判決が、この前提として、「性教育は、教授法に関する研究の歴史も浅く、創意工夫を重ねながら実践実例が蓄積されて教授法が発展していくという面があるのであり、教育内容の適否を短期間のうちに判定するのは、容易なことではないと考えられる。しかも、いったん、性教育の実践がその内容が不適切であるとして否定され、これを担当した教員に対して制裁的扱いがされてしまえば、そのような取扱いを受けた教員その他の教員を萎縮させ、創意工夫による実践実例の開発を躊躇させ、性教育の円滑な遂行が阻害されることになりかねない」と指摘し、教育委員会の権力的介入を厳しく戒めている点です（判決123頁）。私たちは、提訴以来、七生の教員たちが、障害や厳しい生育歴を抱えた子どもたちを前に悩み、格闘し、「失敗」もたくさん重ねながらみんなで試行錯誤をしてきた姿を、書面はもちろん、原告意見陳述や証人尋問で繰り返し訴えてきました。「なぜこの教材が生まれたのか」「だれがこの授業を必要としていたのか」に徹底的にこだわったのです。上記の判示は、裁判官が七生の実践に共感してその真価を理解し、それが勝訴判決の原動力となったことを示しています。

（4）他方で、判決は、教材没収や年間指導計画の変更、大量異動などの介入行為については、「地教行法23条5号の解釈として、公立学校を設置する地方公共団体の教育委員会は、国が設定した大綱的基準の範囲で、さらに具体的かつ詳細な基準を設定することができ、またそれが要請されている」といった形式論のみを述べて違法性を認めませんでした。原告側は、これらを不服として控訴し、都議ら及び東京都も敗訴部分を不服として控訴しました。

二審・東京高裁判決

2011年9月16日、東京高等裁判所第2民事部（大橋寛明裁判長）が言い渡した二審判決は、結論としては双方の控訴を棄却するものでした。しかし、判決には、以下のような重要な内容が含まれています。

喜びの高裁勝訴

（1）教員の教育の自由と学習指導要領

控訴審判決は、「子供の教育が、教員と子供との間の直接の人格的接触を通じ、子供の個性に応じて弾力的に行われなければならず、そこに教員の自由な創意と工夫の余地が要請される」との最高裁学テ事件判決を引用して、限定的ながら教員の教育の自由を肯定し、学習指導要領は「法規としての性質を有する」「教育委員会も教員もこれに従う義務がある」としつつ、それは最小限度の基準であり、「大綱的基準の枠内で具体的にどのような教育を行うかという細目までは定められておらず、定められた内容・方法を超える教育をすることは、明確に禁じられていない限り許容される」として「学習指導要領の基準性」を確認しました。

さらに、指導要領に記載がある場合も「その一言一句が法規としての効力を有するということは困難」であり、「理念や方向性のみが示されていると見られる部分、抽象的ないし多義的で様々な異なる解釈や多様な実践がいずれも成り立ちうるような部分、指導の例を挙げるにとどまる部分などは、法規たり得ないか、具体的にどのような内容又は方法の教育とするかについて、その大枠を逸脱しない限り、教育を実践する者の広い裁量に委ねられて」いると述べました。

（2）性教育と学習指導要領

そして、「学習指導要領における性に関する定めは、部分的ないし断片的かつ非体系的であり、学習指導要領が『性教育』に関してどこまでのことを定めているのかいないのかということの理解に関しても、様々なニュアンスの違いがあり、そのこと自体が多義的である」として、性教育は、教員に広い裁量が認められる分野であることを示しました。

そして、判決は、「被告らは、おおむね、より遅い時期に、より限定された情報を、より抽象的に教えるのが、『発達段階に応じた』の意味であると考えているようである」が、「知的障害を有する児童・生徒は、肉体的には健常な児童・生徒と変わらないのに、理解力、判断力、想像力、表現力、適応力等が十分備わっていないがゆえに、また、性の被害者あるいは加害者になりやすいことから、むしろ、より早期に、より平易に、より具体的（視覚的）に、より明瞭に、より端的に、より誇張して、繰り返し教えるということなどが『発達段階に応じた』教育であるという考え方も、十分に成り立ち得る」と述べ、さらに、「健常な児童・生徒に対する性教育も、従来に比べてより早期に、より具体的に指導することが要請されていると考えることも可能である」と踏み込んだ言及をしました。これは、裁判所が、性教育が「寝た子を起こす」「行き過ぎ」という俗論や「発達段階論」で攻撃されやすいことに注目し、現場の教員の裁量がそのような議論で安易に制約されるべきではないことを強調したものと理解できます。

原告たちの歓びの声　二審判決

(3)「こころとからだの学習」の評価

そのうえで、判決は、被告が問題とした教材や実践について改めて検討し、「からだうた」の歌詞にある「ペニス」や「ワギナ」の語が不適切だという根拠はないし、性交の意味を具体的に教えることが禁じられているとも解されない、高等部でコンドームの使用にふれることについても、都教委の「性教育の手引き」(平成15年)は、避妊の方法としてコンドームの使用をあげ、エイズ予防に関して『性交をする場合はコンドームを正しく着用・処理することが必要であることを理解させる』と記載されている」ところ「コンドームの装着方法を示さずに『コンドームを正しく着用し、処理する』ことを指導することも、困難というほかない」として、学習指導要領に違反するとはいえないと明確に述べています。

さらに、七生の取り組みについて、「このように、学校全体として、校長を含む教員全員が共通の理解の下に、生徒の実情を踏まえて、保護者等とも連携をしながら、指導内容を検討して、組織的、計画的に性教育に取り組むことは」文科省、都教委の手引などが奨励するところであって、これに適合した望ましい取り組み方であったと高く評価しました。

こうして、七生の教育実践は「学習指導要領や発達段階を踏まえない不適切な教材を使用した性教育」であるとか「教育内容だけではなく……学校の経営のあり方に問題がある」などという都教委の主張（2003年8月「都立盲・ろう・養護学校経営調査委員会 報告書」参照）は完全に否定されたのです。

（4）結論部分

控訴審判決は、一審判決同様、都議の行為は侮辱であると同時に「不当な支配」であるとし、都教委の「教育に携わる教員を『不当な支配』から保護するよう配慮すべき義務」（保護義務）の違反を認定し、厳重注意処分についても、不利益処分性を肯定したうえで、都教委が学習指導要領の解釈を突然変更し「いきなり制裁的措置に当たる厳重注意処分を行ったことは、裁量権を濫用」したものであるとしました。

（5）控訴審判決の問題点

他方で、控訴審判決は、「教育委員会は「不当な支配」にあたらない限り、また、教育現場の創意工夫の余地を奪うような細目にまで踏み込まない限り、大綱的基準にとどまらず、より細目にわたる基準を設定し、一般的な指示を与え、指導、助言を行うとともに、特に必要な場合には具体的な命令を発することができる」として、一審同様、その他の介入行為については違法性を認めませんでした。「教育委員会が性教育の在るべき内容及び方法について調査検討し、その見解に基づいて基準を示し、公立学校の指導などをすることは、それが必要かつ合理的なものとして『不当な支配』に当たらないものである限り、許される」「そのことによって各学校ないし各教員が、自らの思うとおりには性教育を行うことができなくなったとしても、そのことをもって直ちに『不当な支配』に当たるということはできない」というのです。

しかし、前述のとおり、控訴審判決は、「教育を実践する者の広い裁量」を認め、教育委員会の教育内容に対する介入権限も「教員の創意工夫の余地を奪うような細目にまでわたる指示命令等を行うことまでは許されない」と述べています。そして、七生の実践は学習指導要領に違反せず、その取り組みは、生徒の実情から出発し「学校全体で試行錯誤しながら創意工夫し実践されてきた」望ましいものであることを一審判決以上に明確に認めています。数年間にわたって積み上げられ現に行われているこのような現場の取り組みを一方的に中止させれば、当該教員及びその他の教員を萎縮・躊躇させ、創意工夫や試行錯誤は封印されて教員の幅広い裁量は有名無実となることが明かであり、まさに「不当な支配」というほかないはずです。ところが、判決は、結果的にこのような事態をあっさり容認してしまいます。いったいどうしてそうなるのか、この大きな矛盾について控訴審判決に説明はありません。判決は明らかに論理的に矛盾しているのです。

最高裁判決

かくして、原告被告双方が上告ないし上告受理申立をして舞台は最高裁に移りました。

最高裁での焦点は、教員（集団）が子どもとの人格的接触を通して築き上げてきた教育実践・教材を、教育委員会が法的拘束力をもって排除することが許されるのかという一点です。私たちは、教育委員会の教育内容介入権限についていかなる立場に立ったとしても、子どもとの直接の人格的接触に基づいて開発された教材とカリキュラムを排除することは許されないという立場から、西原博史教授（憲法学）と世取山洋介准教授（教育法学）の意見書を最高裁に提出しました。

地教行法23条5号には、「教育委員会は次に掲げるものを管理し、及び執行する」として「五 学校の組織編制、教育課程、学習指導、生徒指導及び職業指導に関すること」を記しています。地裁判決や高裁判決は、この規定があるという手続上の適法性だけから、教育内容への命令権限を導いていています。しかし、全国いっせい学力テスト（学テ）の適法性が問題となった最高裁学テ事件大法廷判決は、手続上の適法性の審査だけではなく、実体的な適法性の審査として教基法10条に違反しないかを検討する必要があるとして、学習指導要領や学テの教育現場に及ぼす影響の強さ・深さについて詳細かつ具体的に検討しています。控訴審判決は、形の上では学テ事件判決を援用しながら、実質は、学テ判決の判断手法を無視しているといえます。

私たちは、最高裁の裁判官らが自らの言葉で説得力のある判示をすることを期待しました。しかし、2013年11月28日、最高裁判所第一小法廷は、原告側被告双方の不服申立を斥ける決定を下し、控訴審判決をさらに前進させるには至りませんでした。

判決確定の意味するもの

今回の判決によって、高裁判決と地裁判決が確定したことは重要な意味を持っています。

まず、政治家が教員を直接非難批判するような行為は「不当な支配」に該当する違法行為であり、教育委員会には現場の教員を保護する義務があること、教育内容への教育委員会の介入も慎重になされねばならないことが確認されました。

また、教材の没収や年間指導計画の変更については裁判所に違法性を認めさせることこそできませんでしたが、重要なことは、都教委はこれらの介入行為を「学習指導要領、発達段階に反し不適切だから」という理由で正当化していたことです。前述のとおり、これらの主張は、二つの判決によって繰り返し完全に否定され、最高裁で確定しました。七生事件のいわば出発

笑顔いっぱい！原告団・弁護団・支援の方々と　勝利確定報告集会にて

点、根本の問題で、教員と保護者側の主張が全面的に認められ、被告らは完全敗訴したのです。都教委には裁判所の判断に従う義務がありますから、七生であれ他の学校であれ、上記と同じ理由で介入をすることはできないのです。

最後に、七生養護学校で２００３年３月まで校長をつとめた金崎満氏に対する懲戒・分限処分の取消を求めた裁判も、東京地裁（２００８年２月25日）、東京高裁（２００９年４月９日）ともに金崎氏が勝訴し、最高裁第三小法廷が都教委の上告に対し不受理との決定を下し（２０１０年２月23日）確定しています。

みんなで勝ち取ったこの成果を広め、生かすことが重要です。

第2部

勝訴10年後の
性の多様性と性教育

第4章　子どもの権利から見た「こころとからだの学習」の現代的意義

小泉　広子

はじめに

七生養護学校事件は、学校全体の教職員が教育課程編成に取り組んだ「こころとからだの学習」という広範な性教育実践を、都議会議員および教育行政が権力的に全面禁止した事件です。学校全体で行われていた教育実践に対する直接的な権力による介入という点で、戦後の教育裁判においても例をみない事件でした。

処分を受けた教員らが原告となり、都議および東京都を相手に提訴した。東京地裁判決

（2009年3月12日）、東京高裁判決（2011年9月16日）ともに、「こころとからだの学習」が、被告が主張するような学習指導要領違反ではなかったこと、また、都議および東京都教育委員会（以下、都教委）の一部の行為が旧教育基本法10条1項が禁止していた「不当な支配」に該当するとして、違法性が認められました。原告および被告らが最高裁に上告したのに対し、最高裁は上告を棄却したため、高裁判決が確定しています（2013年11月28日）。

ところが、判決が確定してから約10年たった現在においても、教育庁に没収（所管換）された教材は返還されず、都内の学校では未だ性教育実践がままならない状況と聞きます。また、性教育に限らず、日本全国の教育現場は、教員への教育行政による管理、多忙化、教員不足が深刻であり、子どもの権利の実現のために、教師が一人の人間として主体性をもち、教育の専門家として生き生きと子どもたちにかかわることができない現状があります。教育法学者である髙橋哲は、現在の教員不足の根本問題は、教師の処遇や多忙化問題に留まらず、この国の教師を虐げてきた教育政策にこそ要因があると分析しています。[*1]

本稿は、子どもの権利の視点から「こころとからだの学習」の教育実践の意義を振り返り、裁判での争点および到達点と課題を確認した上で、「こころとからだの学習」の実践と裁判から何を学び、これからの子どもの権利保障にどう生かしていくかを考えたいと思います。

七生養護学校事件裁判では、多くの研究者たちも裁判を支援しました。研究者たちが「こころとからだの学習」をどう捉え、権力的な介入をどう批判していたのかもみていくこととします。

子どもの権利の視点から見た「こころとからだの学習」の意義

「こころとからだの学習」を子どもの権利の視点から見た場合、以下の特徴を指摘することができます。

第一に子どもの理解と実態を出発点にした教育実践であったという点です。

障害児教育の研究者であり、裁判所に意見書を提出した茂木俊彦は、「こころとからだの学習」について次のように述べていました。*2 東京都における希望者全員就学（1974年度）を経て、1970年代後半から90年代にかけて、多くの障害児学校では障害児の理解、対応の検討と結合して、教育課程の自主編成の努力が重ねられていました。茂木は当時、七生養護学校にも何度か校内研修の講演や助言で招かれたといいます。このような経験を踏まえ、茂木は、「七生養護学校における性と生の教育は、突然に思いつきで取り組まれたのではないと見ることができる。すなわち同校の教育課程編成に関する蓄積と、七生の子どもたちの実態、また生徒同士の性的行動等について正面切って考え合う取り組みが、結合されて出発し発展したのである」

と述べています。七生養護学校では、小・中・高の教育課程を系統的・一貫性をもつものとするために、全校の教職員が力を合わせて取り組んでいました。同校の児童生徒は全体として中度から軽度の知的障害を有し、隣接する都立七生福祉園から通ってくる子どもが半数を超えており、子どもたちは生育過程での重い生活問題を負う例が多く、いわゆる「問題行動」が目立ったという事実がありました。

七生養護学校の教員であった日暮かをるは、当時の学校の取組について次のように述べています。[*3] 教員たちは、子どもの行動に戸惑いながらも、なんとか子どもを理解しようと、どの学部でも子どもの姿や行動の意味について話し合い、子どもたちのための教育課程や教育目標をつくるための全校研修や検討会が持たれていました。学校が子どもにとって安全で信頼できる場所になり、安心感のなかで仲間と自分を大切に思ってほしいという子どもの自己肯定感を育てる場所にしたいと話し合われていました。「こころとからだの学習」が始まるきっかけは、学校・福祉園の内外で起こった性的事件でした。子どもたちから話を聞いていくと小学部から高等部まで、さまざまな形で性的な問題行動が発生していることがわかり、福祉園でも学校でも真剣にこの問題に取り組もうということになった。当時の養護教諭が奮闘し、保健室が「こころとからだの学習」のセンターとなり、その後性教育検討委員が学校内組織として発足し、意識的な実践が積み重ねられ「こころとからだの学習」という教育課程がつくられていきます。

第二に、「こころとからだの学習」は、「人間の生と性」にかかわる真理・真実を障害のある子どもに伝えることを目指していたことです。それは、子どもが生と性を学ぶことによって、子どもの人間としての尊厳を守り、発達過程にある子どもの生き方を含めた広い意味での性的自己決定を育てていくことを意味していました。

第三に、それを知的障害がある子どもたちにどのように伝えるかということについては、子どもたちの認知能力と現実からの発達要求を見極め、「発達段階に応じて」教育内容と教材が選ばれ、実践が検討されていました。茂木は、裁判の意見書において、性器模型の使用などについて以下のように述べていました。「七生養護学校の教師たちの教材についての創意工夫は、児童生徒の発達が、相対的に高いレベルでも具体的操作期にあり、性に関して教える場合にも具体物を用い、また具体的経験を通して学ぶのでなければ効果が上がらないという考え方に基づいていると判断できる。また、からだの部位などを示す手段としての「能記」(記号論の用語)について、人形をできるだけ等身大にするなどの工夫をしたのは、子どもたちの象徴機能の発達を考慮し、たとえば高等部の軽度の知的障害児だけでなく、年齢も低く障害もやや重い子どもも含めて、すべての子どもに学びやすいものとする上で効果的であったと考える。すなわち能記の記号性を低め、記号というよりは『本物』に近い物としたのは、当該校のすべての子どもを念頭に置くときに、いっそうその妥当性が明らかになるのであり、評価できると考える」。

このように「こころとからだの学習」は内容とその教授方法に科学性と専門性を持つものであったといえます。

第四に「こころとからだの学習」は、子どもの権利条約が求める、障害のある子どもの特別なニーズに対応して行われる支援の考え方にも一致するものでした。子どもの権利条約は、「障害を有する児童の特別なニーズを認めて、（特別なケアへの権利に対して）与えられる援助は、……障害を有する児童が可能な限り社会への統合及び個人の発達（文化的及び精神的な発達を含む）を達成することに資する方法で当該児童が、教育、訓練、保健サービス、リハビリテーション・サービス、雇用のための準備及びレクリエーションの機会を実質的に利用し及び享受することができるように行われるものとする」（23条3項）と規定しています。また、同条約24条は、健康への権利を定めていますが、国連子どもの権利委員会によれば、この権利は、健康上のケアなどを受ける資格だけではなく、「自由」つまり、自分の健康や身体をコントロールする権利すなわち性的自由や生殖にかかわる自由が含まれると解されています。[*4] この自由を保障するためには、子どもの発達しつつある能力に応じた、情報へのアクセス、教育、ケアや処置へのアクセスの権利が保障されることになります。障害のある子どもに対してもその特別なニーズに対応した、健康への権利すなわち自分のからだを知り、性的な自由を獲得する権利と、その権利を実現するための障害のある子どもにとってもわかりやすい情報へのアクセス、教育、ケア、処置へのアクセスの保障が求められていることになります。そのような意味において、「こころとからだの学習」は、「人間の生と性」にかかわる問題を、人権と科学に基づき、障害のある子どもたちの発達に応じた方法で教育していた点で、子どもの権利の実現にとって先進的な取り組みであったといえます。

七生養護学校事件の背景

七生養護学校事件は、都議会での都議による「からだうた」への非難に始まり、教育委員会による教員処分、管理職を介した教育内容の管理・変更、教員の転勤により、結果的に「こころとからだの学習」の実践が全面禁止されるものでした。

事件の背景には、社会福祉学者の浅井春夫によれば、第一に都教委による教育現場の管理統制の狙い、第二に国に従順な人間づくりのためには、自らのからだの権利や自己決定権を大切にする性教育の理念は容認しないという考え方があるとしています[*5]。浅井は、七生養護学校の実践のような包括的性教育の柱であるジェンダーの平等と多様性の尊重は、右派の政治家、統一教会系団体や日本会議などの政治・宗教団体による家父長制家族を土台にした国家とは相いれない人間観・家族間の原理であると指摘しています。

「こころとからだの学習」の適法性判断

地裁判決、高裁判決ともに、学校を視察した都議3人が、教諭らに対して侮辱的発言を行ったこと、および、都教委が都議らのこれらの行為から教諭らを保護しなかったことが、旧教育基本法10条で禁止されていた教育に対する不当な支配に該当するものであるとして、教諭が受けた精神的損害について賠償責任を認めました。また、本件性教育が学習指導要領に違反することを理由にした厳重注意は、本件性教育が学習指導要領に違反することが明らかであったとはいえないのに、十分な確認もしないままに、直ちに制裁的取扱いをしたことについて違法であるとし、東京都の損害賠償責任を認めました。

教育法学者であり裁判所に意見書を提出した世取山洋介によれば、この2つの判決を教育法的に見た場合に最も大きな意義となっているのが、2つの判決ともに法規としての学習指導要領の性格を認めているものの、学習指導要領の運用に大きな歯止めをかけていることにあるとしています。[*6] 特に高裁判決ではこの点を明確に指摘しており、「学習指導要領の記述のうち、理念や方向性のみが示されていると見られる部分、抽象的ないしは多義的でさまざまな異なる解釈や多様な実践がいずれも成り立ち得るような部分…は法規たり得ないか、具体的にどのような内容又は方法の教育とするかについて、その大枠を逸脱しない限り、教育を実践する者の広い裁量に委ねられており、少なくとも、学習指導要領に違反したと断ずるためには、そのような広い裁量の範囲をも逸脱していることが認められなければならない」と判断しました。

そして学習指導要領における性教育の定めは、「部分的ないし断片的かつ非体系的であり、学習指導要領が『性教育』に関してどこまでのことを定めているのかいないのかということの理解に関しても、様々なニュアンスの違いがあり、そのこと自体が多義的である」と述べていました。また、学習指導要領が各教科に示す内容についても、示されていない内容を加えて指導することができるとされているほか、これを基に「児童又は生徒の知的発達の遅滞の状態や経験等に応じて、具体的に指導内容を設定する」ものとされているから、各学校の児童・生徒の状態や経験に応じた教育現場の創意工夫に委ねる度合いが大きいと解する」と判断しています。

「こころとからだの学習」については、①小学校低学年に性器の名前を「ペニス」「ワギナ」と教えることを学習指導要領は否定するものではないこと、②中学校2学年において「性交の仕方」を教えることや高校でコンドームの装着方法について教えることは学習指導要領に違反するとはいえないこと、③都教委は、知的障害を有する児童・生徒に対する性教育を、「おおむね、より遅い時期に、より限定された情報を、より抽象的に教える」のが「発達段階に応じた」意味であると考えているようであるが、むしろ、「より早期に、より平易に、より具体的（視覚的）に、より明確に、より端的に、より誇張して、繰り返し教えるということなどが『発達段階に応じた』教育であるという考え方も十分成り立ちうる」と判断しました。そして、「本件性教育が本件学習指導要領に違反すると断ずることはできないものというほかはない」と結論づけました。

2つの判決の問題点

高裁判決は、「こころとからだの学習」は教師に認められた裁量の範囲を超えるものではないとする一方、「教育委員会は、国の定めた法令及び大綱的基準（学習指導要領）の枠の中において、地方教育行政法33条1項前段により、教育課程、教材の取扱い等の基本的事項について、教育委員会規則を定めることができるほか、所管の公立学校及びその教員に対し、大綱的基準にとどまらず、より細目にわたる基準を設定し、一般的な指示を与え、指導・助言を行うとともに、特に必要な場合には具体的な命令を発することができる」とし、地方教育委員会の細目的基準設定権限とでもいうべきものを認めていました。

そして、学習指導要領中の抽象的記述の部分については、一方で上記のように教師の広い裁量権が認められるとしながら、他方で、都教委の主張しているような性教育の在り方も成り立ちうると述べる。

この判断については、地方教育行政法33条1項は地方教育委員会に細目的基準設定権限を認めたものではないという批判がある他に、以下の問題点を指摘できます。第一に、都教委の性教育に関する学習指導要領の解釈と細目的基準設定は、前述した通り、政治的意図に基づき性教育を禁止することを目的にしたものであり、子どもの権利に基づく教育的・科学的視点を持ち合わせていなかったことです。政治的意図に基づく介入と、人権と科学に基づく「こころとからだの学習」の教育実践を「あるべき性教育」として対置させることにそもそも無理があるのではないでしょうか。

第二に、判決は、教育行政が教育内容に関する学習指導要領の解釈を含め、教育内容の細目的基準設定をし、それを権力的な手段によって実行することによる、教育現場への影響力を過小評価していたと考えられます。世取山は、2つの判決の問題点は、全国一斉学力テストの適法性が問題になった最高裁学テ判決の、「許容される目的のため必要かつ合理的と認められる政府による規制も、中央政府によるものであれ、自治体によるものであれ、規制が教育の深くに及び、あるいは、大きな影響を与える場合には『不当な支配』となりうる」との判断を等閑視したことであると指摘しています[*7]。都議による都議会での質問とそれに対する都教育庁の答弁は特定の学校の特定の教育実践の是正に向けられているもので、両者ともに教育内容に深く介入するものであり「不当な支配」に該当していました。また、特定の教材や教育方法を教育活動において用いることを禁止するべきとするものであったから、教育への独自の悪影響を支えていました。教育活動を構成する教材や方法は有機的に連関しているため、ある活動が「具体的過ぎるので禁止されなければならない」ということになれば、どこまで具体的であることが許されるかの線引きが容易ではなく、禁止されるべき教材や方法の範囲を、不利益な措置をおそれるあまり、教師自らの手で拡大しやすくなります。その結果、教育活動が櫛の歯の抜けた状態となり、本来であればより実効的な教育活動ができるにもかかわらず、それが理由もわからないままにできなくなれば、教師の責任感を大いに減退せしめることになったと分析していました。この世取山の分析は、特定の教育内容や方法を禁止することの、教育活動への萎縮効果を的確に捉えており、判決後10年近くたっている現在においても、教育現場に萎縮効果を与え続けているのではないかと推測されます。

七生養護学校事件から何を学ぶか

「こころとからだの学習」の実践は、子どもの権利の実現のために、なぜ教育の自由が守られなければならないかを改めて思い起こさせるものであった。

教育法学者の兼子仁は、人権としての教師の教育権は、真理を教育する真理教育の自由としての学問の自由（憲法23条）との結びつきだけではなく、文化をになう国民としての文化的教育の自由や、子どもの成長発達を見定めていく専門的教育の自由を意味するとしています。そしてとくに、個人および集団としての学校教師の専門的教育の自由は、子どもの教育を受ける権利の保障（憲法26条）の一環を成すという意味で現代的な教育人権性を有していると述べています。[*8]

兼子は、教師の教育権がなぜ保障されなければならないのかということについて、教育のあるべき姿から考える「条理解釈」から次の理由を挙げています。①教育・学習には人間的主体性が不可欠であること、②真理を教えるのに必要な自由と真理は、権力的多数決になじまないこと、③子どもの発達の法則性を見定めていく教育の専門性にともなう自律性、④教師が子ども・父母に教育責任を負えるために教育の自主性が必要である。

「こころとからだの学習」は、七生養護学校の教師集団によって、子どもや保護者の要求に基づき、子どもの心とからだ（＝性教育）にかかわる真理を教えるため、科学性と日常的な子どもとの触れ合いのなかで教師がさぐりあててきた個々の子どもの発達の法則性に沿って、授業の内容と方法がつくり上げられていったものです。

現代の教育政策を「こころとからだの学習」の教育実践に照らして考えると、学習指導要領の法規性への批判を含め、権力による教育内容への統制から教師を自由にし、その人間性、主体性、専門性を取り戻すことが、子どもの権利の保障にとって最重要課題であるといえるのではないでしょうか。「こころとからだの学習」の実践は、優れた教育実践を教師集団が探究できる自由が保障されることこそが、子どもの権利保障につながることを明白にしています。

＊1　髙橋哲「日本型『ブラック教育政策』序論　何が教職の魅力を減じてきたのか」『世界』9月号（2023年）181‐188頁

＊2　茂木俊彦「『ここから裁判』判決の障害児教育にとっての意義」『障害者問題研究』第42巻2号（2014年）154‐156頁

＊3　七生養護「ここから」裁判刊行委員会編『かがやけ性教育！――最高裁も認めた「こころとからだの学習」』つなん出版（2014年）20‐24頁

＊4　国連子どもの権利委員会一般的意見15号「到達可能な最高水準の健康を享受する子どもの権利（24条）」パラグラフ24

＊5　浅井春夫『性教育バッシングと統一教会の罠』新日本出版社（2023年）113頁

＊6　世取山洋介「『こころとからだの学習裁判』判決の意義と課題」障害者問題研究　第42号第2巻（2014年）148・153頁

＊7　前掲＊6

＊8　兼子仁『教育法（新版）』有斐閣（1978年）273―278頁

第5章

統一協会と右派勢力

――性教育バッシングの背景

金子 由美子

2022年7月、安倍晋三元首相が凶弾に倒れたことで、旧統一協会と政界との関連が表面化し、「宗教二世」という言葉とともに、これまで覆い隠されていた当事者である子どもたちの非人道的な暮らしぶりが明らかにされ始めました。しかし、旧統一協会と安倍氏との関係、さらに性教育、ジェンダーフリー教育の推進に圧力をかけている山谷えり子氏や、教育委員会主催の研修などで反対意見を吹聴する高橋史朗氏などと旧統一協会の関係に深く迫る報道は見られず、なんらかの報道規制がかかっているかと疑わざるを得ない事態が続いています。

私が現在、代表幹事を務める一般社団法人〝人間と性〟教育研究協議会（以下性教協）が中心になり推進している性教育は、旧統一協会とその御用学者やジャーナリストより、執拗な攻撃を受けてきました。1982年に設立された性教協は、性教育に関心を持つ小中高の教員、児童養護施設職員、大学教員、医師などが集まりスタートした民間の教育研究団体です。設立趣意書に記すように科学、人権、自立、共生を柱にした性教育をめざしています。全国の都道府県にサークルが誕生し、性教育の理論と実践を深め合っています。なかでも夏期セミナーは、その年度の性をめぐる教育、文化、政治などの情勢を踏まえたテーマを掲げ、サークルで検討を重ねた「模擬授業」や「分科会」を、20から30の会場で研究協議を行っていました。参加者がセミナーでの学びを、それぞれの地域、勤務校に持ち帰ることで、日本の性教育の先駆的な役割を果たしてきたと自負しています。設立10周年、20周年記念セミナーは、海外の性教育研究団体との国際交流も実施し、参加者数は、2000人に届くほど盛況でした。団体が編集責任を負う性教育の専門雑誌も発刊し続け、『季刊セクシュアリティ』は、現在114号まで発刊し続けています。2022年4月からは、Yahoo!きっず（ヤフーきっず）の「ココカラ学園」という性を学べるコンテンツを公開しています。

性教育と子どものニーズ

このように民間団体が、わが国の性教育の牽引役を担う背景は、文部科学省が性教育に後ろ向きの姿勢を見せているからです。その証左として、文科省は、1999年に『学校における性教育の考え方・進め方』を出して以降、性教育の指針を示していません。しかも、その内容は、科学的な知識や性的人権の視点が欠如し、現場の子どもたちのニーズに即していないのです。

私が新任の養護教諭に就いた1980年代は、全国の中学校に校内暴力の嵐が吹き荒れていました。保健室で、他校との抗争に明け暮れる生徒や、対教師暴力で負傷した教員の手当をすることもありました。番長グループが幅を利かすなか、女子生徒の一部に、番長の彼女になることをステータスとするグループができ、「妊娠」や、「レイプ」などの事件も起きていました。女子生徒たちに「どうしたらいいの？（身を守るため）」と訴えられ、性教育の必要性を痛感したのでした。しかし、先輩養護教諭に相談しても「性教育なんてしたことない」と取り付く島もなく、学校医に頼ったところ中絶を扱うビデオを貸してくれました。今思えば、それは、いわゆる「脅しの性教育」でした。女子生徒だけを体育館に集めて上映したのですが、当事者性のある女生徒からは「今さら、もういいよ」とエスケープされました。それでも始めたビデオ上映会では画像を怖がり泣き出す女生徒もいて、授業担当者として、いたたまれない思いでした。それよりも辛かったのは、その様子を体育館の後方で見ていた男性担任（女性の担任はいなかった）たちが、必死でビデオの説明している私を薄笑を浮かべて監視していたことでした。当時は「セクハラ」という言葉がなく、耐えるしかなく、辛くて惨めな性教育のスタートでした。

90年代になると、中学・高校には、「エイズ教育」に関する手引き、ポスターなどが届き、性教育への社会的なニーズが高まっていきました。性教協の主催する研修会には、学校関係者以外に保護者やセクシャルマイノリティの方々の参加もあり、2000人規模の会場が埋まるほど盛況でした。日教組、全教の組合主催の教育研究集会も、性教育、男女共生教育に関する実践報告が集まり、日本の性教育の土壌が整備されていった時代ともいえます。そこに、バッシングが、起きたのです。

七生養護学校へのバッシングと性教協との関わりについては、日暮さんが次のように語っています。

2003年の七生養護学校のバッシングの前に、全国障害者問題研究会（全障研）の事務所に行ったら、「（これから）大変なことが起こりそうだから」といわれ「とにかく（教育攻撃されるから連帯のために）性教協に入んなきゃだめよ」っていわれたのです。「闘いになるのだな」ってことはすごくよくわかったし、その年の夏の性教協の静岡セミナーに9人ほどの若い先生たちも含めて大勢で参加しました。

このようにバッシングを機に、性教協に近づいたという学校や個人もいたのです。性教育バッシングと同時進行で、全国の公立学校は、組織体制の変容を迫られていきました。七生養護学校への性教育バッシングの背景でもあったのでした。日暮さんはいいます。

私はずっと支援学校勤務でした。90年代ぐらいには授業や学校づくりが割に自由でした。それが提出物とかがやたら細かくなっていって、主任も任命制になっていって、そうした（管理統制の）変化を感じていました。性教育については障害児学校のなかでも、「学校としてやっているのは七生ぐらいですよ」っていわれて、２００３年のバッシングの前の年も、その前の年も夏休みの校長会主催の教員研修では、必ず七生が行って話をしていました。皆さんがとても喜んでくれて、都教委の人も評価をしてくれていました。

「七生の事件」の前に、東京都内の公立学校において、様々なバッシングが起きていることは、性教協に届いていました。２００２年に、東京都北区の男性小学校教員が「5年生に過激な性教育」という見出しで、産経新聞でバッシングを受けました。その後、次々に性教協会員の小学校教員たちが、東京都教育委員から呼び出され、性教育教材、配布資料などを提出させられたんです。「指導案を提出するように」という校長に提出すると、それが教育委員会に渡り、ペニスやワギナという用語が、墨で黒塗りになって返されるといった戦後の黒塗り教科書に類することとが実際に起きていました。性教育を推進している教職員たちは疲弊し、取り組む意欲を失いかけていました。性教育を始めたいと集まっていたサークル会員も激減していき、研修会を開いても人が集まらなくなり、性教育が衰退していく現状を目の当たりにしたのです

旧統一協会と政治との連動

旧統一協会は、かねてより民間主導型の性教育の動きを阻止しようと攻勢をかけてきました。1990年は、性教協の代表幹事の出版物、講演内容を標的にし「性器・性交教育」、「ポルノまがいの副読本」、「国家転覆・家庭破戒を狙う共産主義者」などと誹謗、中傷を展開していました。また、旧統一協会とその別動隊である世界平和連合、東西南北統一運動国民連合などの機関紙・誌、あるいは協会と関係の深い高橋史朗明生大学教授などの講演や書籍などを通して、執拗に攻撃を続けてきました。攻撃の理由は、性教協の理論と実践の核心が協会の教義を突き崩す内容だったことによります。旧統一協会が発行物の「新純潔宣言」には、「私たちは、現在進められようとしている『性教育』性解放思想に基づく性器・性交・避妊教育に反対

します」とされています。性は、「メシア」である文鮮明のものであり、結婚も含めてすべての決定を「メシア」である文鮮明の意志に委ねることになっているのです。つまり、科学と人権を理念にすえ自立と共生を目的とした性教協の理論と実践とは、真向から対立するものだからです。

旧統一協会の名を隠し、保護者やその関係者を名乗り、性教育実践を進める学校や授業者に、電話、ファックス、抗議文などを送り、やむなく積み上げてきた性教育を中断せざるを得ない学校もありました。旧統一協会が唱える「新純潔教育」は巧妙になり、「性の乱れ、子どもの荒れ、不登校、夫婦の危機」などの現象を、親子関係、父母の役割など、家族問題にすり替えていったのです。

こうした考え方が、「新しい歴史教科書を作る会」、「国際勝共連合」、保守派の議員などの思想や思惑と響き合っていきました。その勢力が一丸となった性教育、ジェンダーフリー教育のバッシングが、日本の各地で展開されていきました。国政では自民党が、「過激な性教育・ジェンダーフリー教育実態調査プロジェクトチーム」を発足させました。その座長を務めたのは安倍元総理大臣、事務局長には、山谷えり子参議院議員（当時）が就いたのでした。2001年、母子衛生研究会が作成した中学生向けの教材『思春期のためのラブ&ボディBOOK』は翌年、自民党の山谷衆議院議員（現在は参議院議員）が国会で「行き過ぎたジェンダーフリー教育」と批判し、その後、全国の中学校で回収される騒ぎが起きました。

2003年には、東京都立七生養護学校（現東京都立七生特別支援学校）に、都議、メディア、教育委員会が不当に介入し、性教育の教材教具を没収するという事件になったのです。没収された教材人形は、性暴力の被害者にも加害者にもなりかねない知的障害のある子どもが具体的に学ぶための教材でしたが、山谷参院議員は、2005年3月の参院予算委で「これはセックス人形といわれているもので、東京都、石原都知事、教育委員会が調べたものです。80の小学校からこのセックス人形が出てきました」と提示しました。さらに、自民党のプロジェクトチームの動きにより文部科学省は2005年、全国の小中学校、特別支援学校を対象に性教育の実態調査を実施した。「保護者の同意を得ているか」「教職員の共通理解を図っているか」などのヒドゥン（隠された）メッセージの調査項目により、教育現場はますます萎縮したのです。

「はどめ規定」の撤廃を

日本の性教育は、2000年以降、こうした性教育バッシングによって大幅な後退を余儀なくされました。文科省は、こうしたバッシングの一端を担ったといっても過言ではありません。学習指導要領の「受精に至る過程は扱わないものとする」（小学校6年理科）、「受精・妊娠までを取り扱うものとし，妊娠の経過は取り扱わない」（中学校保健体育）といった規定に表れているように、日本の子どもたちは、人間の生殖について科学的に学ぶ学習の権利を奪われています。「性交」という用語の使用や、エイズ予防教育において重要なコンドームを実際に見せることなども、学校現場では規制されているのです。性感染症を扱うこととはされているのですが、具体的な感染経路や予防方法を学ぶ機会はなく、現場の教員の裁量に委ねられています。

さらに、学習指導要領では「異性への関心」（中学校保健体育）だけが「自然」なものとして扱われており、「異性愛」だけを前提とし多様な性的指向にふれられていません。性的マイノリティの子どもたちにとっては、人権侵害的な状況にあるのです。こうした一連の性教育バッシングにより、性教育、ジェンダーフリー教育がストップした間に学校生活を過ごした子どもたちは、必要な教育を享受できない「性教育のネグレクト」の被害者なのです。

私は、現在、子ども・若者を地域で包括的に支援するNPO法人の副代表に就いています。ここで出会う、不登校、ひきこもり、障害、虐待、ネグレクト、性虐待などの渦中にある子ども、若者たちは、学校や家庭での性教育を受けたことがなく、ジェンダーという言葉さえ知らずにいることが大半です。さらに、友人、教職員、信頼できるおとなといった、自分が所属するコミュニティから受ける社会的規範、知識、態度、スキルなどを身に着ける機会もありません。思春期になり、性への興味関心が芽生えると、ネットやメディアを通して、男女、障害児・者、セクシャルマイノリティへの差別、暴力、抑圧、攻撃、「ミソジニー」の刷り込みがセットになった性情報を、選別する知識もスキルもないまま受け取ってしまいます。知的障害やコミュニケーションスキルの低い男性が、セクシャルハラスメント、ストーカー、デートDVなどの加害を起こすことも起きています。買春、性的搾取の被害を受けた女性と、面談をしても、「うちがバカだからだまされても仕方ない」「非モテだから貢ぐしかたない」などと、自分を責めてしまう言葉が聞かれます。

「児童生徒の問題行動等生徒指導上の諸問題に関する調査」によると、「いじめとは、『①自分より弱い者に対して一方的に、②身体的・心理的な攻撃を継続的に加え、③相手が深刻な苦痛を感じているもの。なお、起こった場所は学校の内外を問わない』とする」と定義されています。「弱い者」「継続的」「深刻な苦痛」とは、どんな判断基準なのかも曖昧です。そして、性を意識しはじめた思春期の子どもたちが、身体的、心理的な攻撃手段として、性的いじめを思いつくことは容易に想像できるのですが、性的いじめの調査項目は見当たりません。

「性的いじめ」の被害や加害は、自らの性のプライバシーを晒して仲間にうけようとする性的自虐、スマホなどを使い裸や性的メッセージを送信するセクスティング、リベンジポルノなどの性暴力につながることを想定した対策が求められます。また、「性的いじめ」は、性暴力の背景となる女性蔑視、同性愛嫌悪は、性的な主体者に育てられない性教育の後退現象と重ねて論じるべきでしょう。自分のからだの性の学習権を奪われている子どもたちは、「成長に必要な養育や教育を受けられないネグレクト」の被害者です。また、学校、学童保育、子ども食堂など、子どもに関わるおとなの側に、性虐待を受けた子どもの「性化行動」に関する知見がなければ性的な発言やしぐさなどのサインを見逃し、「性的いじめ」を引き受けてしまう子どもを救えないのです。

子どもの周辺で起きている性を巡るトラブルを見ても、子どもたちは、〝寝た子〟でいられるはずがないことがわかります。また、「性的いじめ」「性暴力」の被害や加害、SNSを使い裸や性的メッセージを送信するセクスティング、リベンジポルノなどの痛ましい事件につながることを推察しての対策が求められています。さらに、性暴力の背景となる女性蔑視、同性愛嫌悪は、性教育やジェンダーフリー教育の萎縮、停滞の現象と重ねあわせて論じるべきでしょう。今、私たちは、1998年改訂の学習指導要領で妊娠の過程を扱わないとする「はどめ規定」の撤廃に向けて動き出しています。政治的な立場を超えて、この問題を確信に迫り、撤廃することで、凍り付いている性教育の現場が、大きく動き出すはずであり共感の輪を広げていきたいものです。

第6章

教育現場は今どうなっているのか

現役教諭の座談会

司会　今日は、様々な学校現場にいる方に集まっていただきました。よろしくお願いします。

お聞きしたいことは、次の2点です。

①七生事件から20年、教育現場で「性教育」はどうなっているのか。

②また、学校の在り方にも変化があったと思うのですが、その実態を教えてください。

性教育が広がらない現状

まず、教育現場で「性教育」は現在どんな状況でしょうか?

A　私は特別支援学校で養護教諭をしています。二次性徴について、小学部4年の保護者講話と授業をだいぶ前から実施しています。6年前くらいからは、教員からのニーズにより中学部の保護者にもお話しするようなり、男女に分かれて一回ずつですが、子どもたちへの授業もしています。昨年度、管理職が「高等部でもやった方がいい」といってくれて、今年度はようやく高等部でも性教育がスタートします。うちの管理職は理解があるので、私の話す内容も問題視されることもないのですが、系統的に授業ができる状況までは進んでいません。知的に高い子どもたちがいると、裸の写真を送れとか、公園の身障者トイレで関係を持ったとか、ときには妊娠が発覚することもあるようです。うちの学校では「性器いじり」や、女の子に興味があって手を出してしまったとか、理解する力はあるのに、生理の手当てができないというケースもあります。問題がありながらも、忙しい教員たちが、自分たちで新たに授業をするのは、なかなか難しい実情があると感じています。

B　私は、肢体不自由校にいますが、「性教育」は組織的に取り組まれてはないです。何か問題があったときには相談されたりすることはあります。例えば、おむつのなかに頻繁に手を入れてしまう子どもに若い教員が「汚いでしょう。だめ！」とすぐ止める。そのときに「なんで手を入れるのかってことを考えた方がいいよね。きちっと洗えてない問題とか、ムズムズしたとか、そういうことをきっかけに子どもの気持ちにたどり着けるような姿勢でいた方がいいよね」なんて伝えています。高等部の男子が、女性教員に気軽に触ることを何とかしたいという相談がきたりします。女性教員への触り方やハグのこととか、その子の全体像として捉えると、やはり満ち足りてない部分というか、何か欲している部分があるのだろうと思っています。

以前に知的障害特別支援学校にいたとき、高等部の女子の妊娠がわかりました。その女子の退学が決まってから学部に報告がありました。実は管理職が口止めしたため、教員間で話し合うこともなく女子は退学、男子生徒はそのまま卒業という対応をしたのです。本人たちの思い、保護者や学校が話し合っていくことはなかったんです。

学校現場が、みんなでオープンに話せるようになるといいのにと思う事例によくあいます。

C　小学校の通常学級で担任をしています。基本的に学習指導要領の通りに、いわゆる性教育に一番関係するのは4年生だけで、保健のなかで初経や体の変化を扱うだけです。一応、性教育の計画がうちの学校にもあって、保健に限らず、例えば低学年だったら生活科や道徳などいろんな教科のなかで、6年間を通して性教育を行う計画はあります。ただ、形だけになっているような部分がなくもないです。教科書以上の性教育がどのくらい行われるかは、管理職や先生たちの意識によって決まるような感じです。あとは、例えば子ども同士でプライベートゾーンを触るようなトラブルがあったときに、プライベートゾーンの話をしたりする対応があるくらいです。

思春期の変化について、学習指導要領では、異性への関心が芽生えることを前提としたような記述になっていたかと思いますが、教科書も基本的にはその記述に沿って書かれています。ただ、多様な性のあり方については、教師用の指導書にはまったく触れていないわけでないですが、「同性に関心を持つ人もいる」と補足的に小さく書かれているという感じです。教員の方に知識と意識がないと、軽く流されてしまいます。

今、4年生の担任をしていて、「性教育に力を入れたい」と話したら結構理解ある先生たちがいて、「ぜひ、やりましょう」となりました。学習指導要領が許す範囲のなかにはなると思いますが、小学校は例の歯止め規定自体がなく中学校に準ずるということになっているので、うちの学校の子どもたちの実態に合わせながら、多様な性やお互いの尊重など、なるべく包括的性教育につながるよう、現状でもできることに挑戦してみようとしています。

司会　小学校に行く前から、自分の性に違和感を持っている、でもそのことを隠しているという事例にはよく合いますが……その辺はどうですか？

C　今の学校では、違和感を訴えている子が2人くらいいるようです。ほかに、生まれたときに割り当てられた性は女性だけど、性表現が男性に近い子はいますが、その子が実際どう感じているかまではわかりません。私は割とそういう話をするので、担任していた女の子同士で「これは内緒だけど、私たち将来結婚したいんだ」といってくれる子には出会いました。学校全体として、そういうメッセージを発しない限りいいにくかったりするでしょうし、正直実態はわからないです。学習指導要領の内容が不十分であることや、歯止め規定があることの弊害があるので十分な性教育ができないことも問題ですが、それ以上に、性教育に対する意識が高まらないことが一番の問題かと思います。

D　今は特別支援学校（知的部門）で講師をしています。性の多様性に関連して私が出会った高等部の子どもは、生まれたときの性は「女」なんだと思いますが、本人は「男」として扱ってほしいとのことで、家族からも配慮の願いがあり担当学年でいろいろ話をしたみたいです。着替えやトイレのこととか、学校生活全般にわたって男子として対応しています。学年としては話し合われているけれど、学校としての統一見解は講師の立場ではよく見えてこず、個別のケース対応のようでした。配慮はされているけども、性の多様性について生徒たちが学ぶことにはならなかったようです。担当の先生たちは真摯に受け止めて対応していても、学校全体のものにはなってないのが残念だなと思いました。

性教育については、高等部で成長期の変化は取り上げていて、子どもたちが困っていることなど個別的に指導はされているようでしたが、学部としてのプランをもってという感じではなかったです。知的部門の小学部、中学部の教員に聞いてみると、小学部4年生で年間1時間男女別で学習しているそうで、プライベートゾーン（下着で隠れているところと学習している）は大切にして、見せたり見たり、触られたりしないように座るときに足を開いて座らないといった内容を学習したとのことです。年間指導計画のなかで生活単元学習で行っているそうです。また6年生では年間2時間、生活単元学習と特設の時間を使って男女別に分かれ、保健室の養護教諭が初経の手当てを女子に、男子には精通現象などについて男性教員が指導しているそうです。

肢体不自由部門の中学部の保護者から「性教育」をやってほしいということは、もう毎回学校評価で出てきていて懸案事項にもなっています。それに応えていかなければいけないと学部の主任から相談は受けたのですが、まだ具体的な動きまでは見えないです。

Ｅ　私は、小学校の特別支援学級の教員です。性教育は保護者からの相談や要望を受け始めました。たまたま性教協障害児・者サークルの学習会に参加しいろいろ学び、取り組み始めたら子どもたちはノリノリで、保護者の方たちも喜んでくださっています。支援学級は比較的自由にやれるところがあるかとは思っています。前に勤めていた学校では４人担任で、まずは授業に参加した介助員さんが、とても面白がってくれ教材づくりも一緒にやっていただきましたし、ほかの担任に「いい授業だよ」と広げてくれました。今でもその学級では担任たちが取り組んでいます。でも担任次第なので、全体としてはなかなか手が付けられていないのが実態です。支援学級の先生たちへのアンケートでは、性教育が必要であると多くの人が答えていますが、授業として取り組んでいるのは10パーセントくらいでした。内容的には「月経」「からだの成長」を扱うくらいです。

今の現場の若い教員たちは「七生事件」（性教育バッシング）のことは、ほとんど知りません。管理職は「性教育」に過敏に反応する方と応援してくれる方がいます。「性教育」を何とかしていきたいという現場の気持ちはあると思うのですが、どう考えどうやったらよいのかがわからないというのが大きいかなと思っています。

Ｃ　例えば、私は体育の指導が正直あまり得意ではないですが、一応学習指導要領があることで、体育にあまり明るくない私でも、ある程度の授業ができるという面があります。なので、「性教育」に対してあまり知識や熱意のない先生が多い学校があったとしても、学習指導要領がちゃんとしていれば、それなりの水準で「性教育」が行われるし、先生たち自身の意識も高まると思うのです。そうすると、結果的に学校が多様な性の子たちに対して、安全な場にもなりやすくなる。それが、今歯止め規定があってできないから、学校もよほどのやる気がなければ安全な場になりにくい。ユネスコのガイダンスに示されているような包括的性教育の理念や内容が、学習指導要領にほとんど反映されないことで、日本の性教育が全然アップデートされなくて、子どもたちの安全を守れないことにもつながってしまっていると思います。

E　私は支援学級なので、通常学級の先生たちをそばで見ていると、本当に半端なく忙しいです。やらなくてはいけないことが山ほどあり、内容が多岐にわたりすさまじい仕事量です。一方で教員が足りません。そんななかで「性教育」をやりたいと思っても、学ぶ機会も時間も足りな過ぎです。学習指導要領できちんと取り扱われなければ、やりようがないです。教員たちが身動きもできない状況のなかで、言われもしない、学ぶ機会もなかった「性教育」はなかなか広がらないです。管理職にもよりますが、支援学級はまだ自由度があり自分たちで工夫することができますけれども、今の学校の教員は本当に大変です。

多忙で余裕のない現場

司会　性を学ぶ機会がないまま大人になり、教員になる……たしかに厳しいでしょう。それでも学校の在り方によってはできることがあるというお話だったと思います。

２つ目の視点に話をもっていきます。「七生事件」から学校がどう変わってしまったのか。学校がやたら形式的になってしまったように感じていますが、目の前の子どもたちに、学校のあり方、学校の今の状況っていうあたりを伺いたいと思います。上からの決まりごとが多いとの声も聞こえてきます。

B　私は管理職によってかなり違うと感じています。２年前ぐらいの管理職は教員の授業案には真っ赤になるほど手を入れて中身が変わるくらいの指導をしてきました。若い先生には強くものを言って、やたら時間を守ることにこだわっていました。肢体不自由校なので、子どもが手を挙げても答えるまでに時間がかかったりします。そういうところは切っていくみたいで問題だと思うところがありました。去年から管理職が変わり穏やかになりました。今は校長、副校長に相談に行ける雰囲気になっています。管理職の存在は大きいですから、今は授業の中身を教員が相談できるようにまでなっています。半面、授業をするには学習指導要領から入らなければいけない。関連を明確にして授業案を作成する。6枚、7枚と膨大な資料をつくり、最後に座席まで指定し、車いすの横に座る教員名まで明記しないといけない。先のことだったりすると変更も当然あり、その都度訂正しなければならず、時間ばかりとって徒労だと思います。

Ａ　保健室から見ると先生たちはやっぱり忙しくて……高等部の先生たちに「性教育」の話しをする前に「授業は先生たちでやってほしい」と伝え、私はグループディスカッションをやるのがいいのではないいかと提案しました。グループディスカッションを通じて、子どもたちが困ったらこの先生に話していいんだという人間関係をつくってほしかったからです。でも、学年主任と学部主幹が中心となり、2つのグループに分かれただけでした。学年全体でやっていくためのコンセンサスを得る労力が必要で、新しい仕事を増やしてしまうのではないかという心配があると思います。新しいことをやるためには、結局いろんなことを学ばないといけないし、子どもからの悩みにどう答えたらいいかわからない先生たちがいっぱいのなかで、どうするんだという話にもなるだろうし……。そこは私もできるだけ自分の話のなかで、子どもとのやり取りも含めいろんな内容を伝えようとは思っていたのですが、本当に現場は厳しいです。自分たちで自由になるはずのクラスの時間も行事の事前学習や事後学習を入れなくてはならなくなるようなことも多く、空いている時間がないのが現状で、新たな授業を創り出すのはとても難しいです。

C　管理職が「副校長」ではなく「教頭」という名称だった時代の話を伺うと、今は教員の裁量が少なくなり、いろいろとチャレンジしづらい状況になっているとすごく感じます。それに、やらなければいけないこと、やらせなければいけないことがあまりに多過ぎて、教師も子どもも忙しすぎます。支援学級や支援校ならば学習指導要領をもとに、児童・生徒に合わせて授業をカスタマイズしなければいけない大変さが多分あるだろうと思いますが、通常学級の場合は学習指導要領そのままで組み立てていく感じです。指導案の作成は面倒といえば面倒ですが、多分支援学級の先生の大変さに比べると、まだ楽なのかもしれないと伺っていて思いました。

東京大学の本田由紀さんのワークショップに参加しましたら、本田さんは一クラスの人数が多すぎることの問題を言っていました。まさにその通りで、1クラスを20人ぐらいにしてもらわないと……。また、学習指導要領の法的拘束力をもう少し弱めてもらわないと、余裕をもって子どもに接することもできません。自己決定や民主的な対話について学ぶ学級会の時間も、その授業時数のなかに学級活動が入っているにしても、余裕をもって取れない現状が正直あり、「それよりも他の授業進めなければ」となってしまいます。

さらに半分学校経営のやり方の問題なのでしょうが、行事などでものすごい授業時数を取られて、その分後から巻き返さなければならなくなっています。丁寧かつ余裕をもった議論がしづらいです。やはりクラスの人数が多ければ意見を言い出しにくくなる子も多いだろうし、一人ひとりの声を丁寧に聞いている余裕がどうしてもなかなか生まれにくいです。

性教育を通じて子どもとの関係が深まる

D　今、学習指導要領の法的拘束力を弱めてほしいというお話が出ましたが、七生裁判では学習指導要領は最小限度の基準であって、大枠を逸脱しなければ教員の広い裁量に任せられているという判決が出ています。学習指導要領はあくまでも大枠な決まりであり、具体的なところはそれぞれ教える先生に委ねられているということです。にもかかわらず実態は、通常学級はきっちり決められていて、特別支援学校と比べてさらにシビアなのだろうと思います。特別支援学校でも、現場の若い先生は学習指導要領は法規だと思っている人がほとんどです。

すべてが管理職からの上意下達になっています。効率的に会議するってことはとても大切ですが、やり取りの時間もとても大事でしょう。現場はみんな忙しくて、先生たちは時間にすごく振り回されています。教材研究までやろうとすると時間外労働になってしまうのが現実です。そのなかでどうしていったら教員たちが豊かな心持ちで教育現場に立てるか、そこはすごく課題だと思っています。みんな頑張っているんだけどね。

E　支援学級にいてもまったく同じように感じています。とにかく、あまりにもパーフェクトに教員に力を求め過ぎです。休みたいと思ってもなかなか難しいし、あまりにも多くのことを求められると、できない自分を責めてしまうことも起きてしまいます。教員の余裕をどうつくるか。少なくとも勤務時間中に授業準備ができるようになってほしいです。目の前の子どもの姿から、自由に考え授業を工夫することができる。楽しい授業活動のなかで、子どもたちも教員も自分を出し合える。人間として対等でいたい。私は「性教育」に取り組むなかで、基本はそこだと思っています。「性教育」に取り組むと、子どもとの関係も深まるし、とにかく私が楽しいです。そのことは伝えたいです。

C　最近「発達障害の子が増えている」と言われますが、子どもの特性と学校の環境が不和を起こしている場合、その子どもをめぐって学校や学年全体で会議が開かれます。例えば、定期的に学年でケース会議を開いて、そこにはカウンセラーや支援員の先生も集まって話し合い、学校全体で情報共有して支援したりします。20年ぐらい前に退職された元先生の方に話したら「随分変わりましたね。昔は自分一人でやっていたけど、仕組ができてきたんですね」と感慨深そうに言われていました。まだまだ足りないところはいっぱいですが、前進できている部分もあると思います。配慮がより必要な子が輝けるようにクラスを作っていくと、必ずよいクラスになると私は感じています。最後にお伝えしたいことが3点あります。

まず1つは、一人ひとりの意思を尊重するのはとても難しいと思いつつ、現状でもできることはあるということです。うちの学校では「主体的・対話的で深い学び」というキーワードで校内研究をやっていて、先日社会科の授業者を担当しました。子どもたちだけで意見を出し合い、自分たちで学習のまとめをつくる、議論して学びを自分たちでつくり上げていく……。やり始めたところですが、そのなかで自分たちで授業もつくれるようになっていくし、学校としてもそういうことをやろうという動きは出ています。最初は1人、2人の子たちの議論から始まり、それが5人、6人になり、2か月たって15人ぐらいが活発に議論できるようになっています。本当はもっとクラスサイズが小さくなるのが理想ですけど、現状でもできることがなくはないと考えています。

2つ目は、「包括的性教育をやろう」ということに賛成してくれる先生が、圧倒的に多いことです。道徳教育で愛国心を教え込みたいという先生には出会ったことがないし、道徳で「思いやり」などの項目を扱うときも、子どもたちを誘導してしまわないように、どの先生も苦心しています。先生のなかにはそういったまともな感覚の人が多いことが、希望だと思います。ちなみに、クラスで人権にまつわる話をすると、子どもから保護者の方にそれが伝わって、そういう話をしたことを感謝していただけることも多いです。この社会の大人も、まだまだ捨てたもんじゃないと思います。

3つ目は、やっぱり子どもたちは愚かではないということです。例えば「前へならえ」とかも、校外学習のときにすぐに並ぶことで、有意義な時間が増えるわけです。その意味がわかれば子どもたちも進んでやるし、逆に理不尽なことをいえば子どもたちは荒れます。子どもたちはちゃんと響くことを言えば真剣に受け止めてくれるし、理に叶っていれば自分から行動します。そうでないことを強制しても、それで支配されるような子どもばかりではないと思います。

B　教員の関係性みたいな、豊かな話をするような……この忙しいなかでそういう時間をどう作っていくのかが大きいかなと思います。教員同士のやり取りがすごく大事で、そういったものが活発にできるような職場になったらいいなと、これからも頑張りたいと思います。

司会　皆さんのお話から学校現場の厳しい状況、だからこそ「包括的性教育」をどう広げていくか大事な課題であることがよくわかりました。今日はありがとうございました。

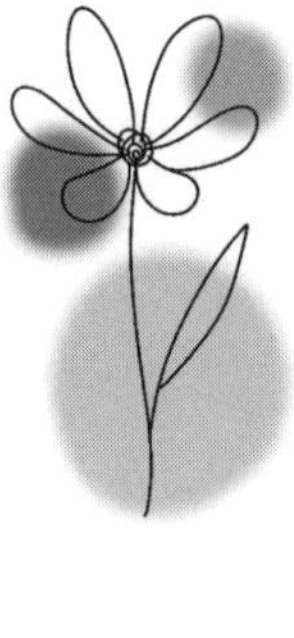

第7章　性の多様性をめぐる問題状況——トランスジェンダー差別を中心に

遠藤　まめた

筆者は30代のトランスジェンダーの当事者で、ＬＧＢＴの子ども・若者が安心して集まれる居場所の運営や、性の多様性に関する教員研修を行っています。10代後半だった２０００年代後半から活動を始めて、今年で18年目に突入します。

活動を始めた当初と比較すれば、日本社会は大きく変わりました。本書は性教育に対するバッシングについて扱った本ですが、ＬＧＢＴなどの性の多様性について扱う学校の数は近年どんどん増加しており、縮小ではなく大幅な拡大が見られるといって差し支えないでしょう。本稿では、教育現場で性の多様性に関する取り組みが広がってきたこと、さらに可視化に伴い一部で生じているバックラッシュについての両方を取り上げたいと思います。

近年教育現場で広がってきた性の多様性に関する豊かな学びを、今後も広げていくにはどうしたらよいか、みなさんと一緒に考えられたら幸いです。

まったく情報のなかった20年前の学校

筆者が子どもだった20年前には、性の多様性について授業で取り上げられることはまれでした。多くの大人のＬＧＢＴ当事者がそうであるように、私もまた「自分が何者なのか」を表現する言葉に出会うまで長い時間が必要でした。初めてトランスジェンダーという言葉を知ったのは高校生になってから、自分でインターネットを検索できるようになってたどり着いた言葉でした。学校はトランスジェンダーの生徒がいる前提の設計にはなっていませんでした。そのため、私は女子生徒としてセーラー服を着て高校生活を過ごし、他の同級生たちが着替えている教室には入ることができなくて、体育の授業の後にはいつもどこかで時間を潰していたのを覚えています。

教員もその頃には、今よりもずっと知識がなく、カミングアウトしたときに帰ってきた言葉は「大人になれば変わるかもしれない」という、真面目に受け止めてもらえたとはいいがたいものでした。今日でも、このような反応をする教員はいるかもしれませんが、以前よりは改善されてきたように思います。

文部科学省は2016年に「性同一性障害や性的指向・性自認に係る、児童生徒に対するきめ細かな対応などの実施について（教職員向け）」を発行しました。このパンフレットは性別違和などの悩みを抱えた子どもたちに対する個別対応のあり方について例示したものですが、国がこのような発信を行うようになったことも、以前に比べれば大きな進歩といえるでしょう。教員研修などでも性の多様性について取り扱われる機会は増え、まだまだ十分とはいい難いですが、以前よりも教員の意識も変わってきています。

また「男子はスラックス、女子はスカート」といった画一的なスタイルが見直され、性別に関わりなくスカートかスラックス、リボン、ネクタイなどを自由に選べる「制服選択制」の導入が各地に広がっていることも近年の傾向として挙げられます。世田谷区や福岡市など、自治体単位で制服の自由選択制が導入されている事例もあれば、東京都のように制服のあり方は校長判断ではあるものの、既に自由選択制を実施しているモデル校から事例を学ぶ場合には教育委員会が費用負担を行うといった事例もあります。

学習指導要領への掲載見送り

性のあり方に関連して悩みを抱える児童生徒が存在することは、少しずつ教員の間でも共通認識として広がってきました。様々な調査から、性的マイノリティの児童生徒が自殺を考えたり、自傷行為を行ったりする割合が高いことがたびたび指摘されています。子どもの自殺は近年増加傾向にあり、SOSをキャッチする体制をつくることが急がれています。

NPO法人ReBitによる「LGBTQの子ども若者調査2022」では、孤独感を「しばしば」あるいは「常に」感じたと回答した12~19歳は、LGBTQの場合に29・4%でした。これは内閣府による「孤独・孤立の実態把握に関する全国調査」に比べて8・6倍も高い数値でした。学校のなかでも、家庭のなかでさえもカミングアウトできずに苦しんでいる子どもがたくさんおり、この状況を放置すべきでない、ということに異論を唱える人は少ないでしょう。

一方、「悩んでいる生徒に対する個別支援」には言及しつつも「学校でどのように性の多様性について教えるか」という具体的な議論については、文部科学省は消極的な姿勢を見せてきました。

２０１７年には、10年ぶりに学習指導要領の改訂が行われましたが、そこでは多くの要望があったにも関わらずＬＧＢＴについて盛り込むことは見送られました。これまで学習指導要領には、思春期になると異性への関心が高まるとの記述しかなく、このことによって「自分は異常なのではないか」と同性愛者が思い悩むといった事態を招いていました。

学習指導要領および教科書の改訂を求めてオンライン署名サイトChange.org（チェンジ・ドット・オーグ）上で署名活動を立ち上げた室井舞花さんは、中学時代に「思春期になると異性への関心が高まる」と授業で扱ったときのことを振り返り、次のように書いています。

私は「同性に惹かれるのは当たり前から外れているんだ、不自然なことなんだ」と思い、頭が真っ白になり、叩きつけられたような気持ちになりました。中学校で教わったこの〝性〟に関する知識は、長く私に影を落としました。私はそのとき人を好きにならないようにしよう、と心に決めました。同性を好きになるのは、間違っていることだと感じたからです。

（Change.org キャンペーン「クラスに必ず一人いる子のこと、知ってますか？　～セクシュアル・マイノリティの子どもたちを傷つける教科書の訂正を求めます～」より）

この署名活動による影響で学習指導要領改訂にあたってのパブリックコメントには「性の多様性について教えてほしい」との要望が大量に寄せられましたが、文部科学省は掲載を見送りし「国民の理解が足らないこと」などを理由にあげました。理解がないからこそ教育で扱い、理解を広めていくことが重要なのに、苦しい説明です。この見送りの背景には組織的な反対運動がありました。このときのパブリックコメントは筆者も文部科学省に出向いて全件確認を行ったのですが、応募期間の最後の5日間に合計1000通を超える「LGBTについて扱うべきでない」とのメッセージが寄せられていました。「同性愛者の出前授業によって、子どもが自分も同性愛者かもしれないと混乱した」「純潔が大切」「健全な家族観を育てるべきだ」「同性愛を認めると日本がおかしくなってしまう」などの内容で、テンプレートをなぞった同じ内容のものが寄せられていることから、組織的であると判断できました。おそらくは2000年代のジェンダーフリーバッシングや性教育バッシングがあった際、反対していた勢力と重複するのではないかと思います。

このような国の消極的な態度があっても、教科書会社は性の多様性についての記載を広げていきました。中学校の道徳、高校の現代社会、英語の教科書などにLGBTについての記載がされるようになり、2024年度からはとうとう小学校の保健・体育の教科書で、全社が性の多様性について取り扱われることになりそうです。「思春期になると異性への関心が高まる」

は科学的にも不正確な記述です。国の判断を待たずに教科書会社の方が動いたことは、パートナーシップ制度や社内の福利厚生など「国よりも民間や自治体の方が進んでいる」日本のLGBT施策を象徴するような一場面でした。

海外から輸入されるトランス・バッシング

学習指導要領をめぐり賛成・反対の両意見がぶつかった2017年の時点では右記の通り、LGBTについて教えることに反対する理由としては「同性愛者の出前授業によって、子どもが自分も同性愛者かもしれないと混乱した」「純潔が大切」「健全な家族観を育てるべきだ」などの意見が目立ちました。

一方、この記事を書いている2023年6月には、LGBTを含めた包括的性教育に反対する理由として「トランス女性に女子生徒がトイレでレイプされる」海外の事例があるとか「子どもたちが早々に本人の意向に添い、医者や児童心理学者の判断により、手術や治療を進めてしまった」ことで子どもが性別移行を後悔する事例が後をたたない、といった主張がなされています。はたして性の多様性について教えることで性暴力が増えたり、性別移行を後悔する子どもや若者が増えるのでしょうか。また「海外ではひどいことが起きている」の根拠とするインターネット上の情報に信ぴょう性はあるのでしょうか。この5年ほどで主張内容が変わったのには実は政治的な背景があります。

アメリカでは2015年に全土で同性どうしの婚姻が認められました。婚姻の平等を求める人たちが歴史的な勝利を納めたのに対し、それまでLGBTの権利拡大を食い止めようとしてきたキリスト教右派にとっては大打撃でした。同性愛に反対しようとしても、もはやアメリカではゲイやレズビアンの当事者を友人・知人に持つ人は少なくなく「同性愛者の権利を阻止しよう」といっても支持されないことが明確になりました。そこで、キリスト教右派の人たちが注目したのがトランスジェンダーでした。2016年になるとトランスジェンダーのトイレ利用を制限する法案が全米のあちこちで議論され、アメリカのLGBT支援団体であるHuman Rights Campaignは、2016年はトランスジェンダーにとっての「最も危険な年」になるだろうと警鐘を鳴らしました。

様々な統計がありますが、同性に恋愛・性的関心を持つ人たちは少なくとも人口の2～3%程度は存在するといわれます。これに対し、カリフォルニア大学ロサンゼルス校の2016年の調査によれば、トランスジェンダーのアイデンティティを持つ大人は人口の0･6%でした。日本でも、埼玉県が2020年に実施した「LGBTQ実態調査」ではトランスジェンダーの割合は全体の0･5%だったので、トランスジェンダーがLGBTコミュニティのなかでも少数派であることがわかります。

　実際に、米国の南部貧困法律センターの報告によれば、２０１７年に極右の集会で「同性愛者を抑圧する戦略が効果を失いつつあるのでトランスジェンダーをターゲットにすべき」「トランスと性自認を攻撃すれば優位に立てる。トランスの活動家は同性愛者の支援なしには活動できないので、Ｔを他の文字群から切り離せば圧勝だ」などの発言があったようです。かれらはまた「運動に引きこめそうな集団」として女性、性的虐待の被害者、節度のある少数民族の人たち、恵まれない経済状況や不安障害を持つ子どもたちをあげました。

　奇しくも同時期に、イギリスでもＬＧＢとＴを切り離すべきだとの主張がＴｗｉｔｔｅｒ（現Ｘ）上で行われるようになりました。イギリスでは、トランスの人たちを排除したＬＧＢの運動を呼びかける団体「ＬＧＢアライアンス」が２０１９年に発足し、性自認には科学的根拠がなく子どもたちに有害である、トランスジェンダーの平等に関わる法律の制定や改正は行うべきでないなどの主張を始めました。後に、イギリスで最も影響力のある右翼シンクタンクの所在地ともなっているタフトンストリート55番地にＬＧＢアライアンスの事務所がオフィスを借りていることが発覚していることからも、明らかに政治的策略として分断が持ち込まれているといえるでしょう。ＬＧＢアライアンスの共同創設者は「同性婚に反対することは同性愛差別（ホモフォビア）にはあたらない」とも発言しており、ＬＧＢの権利保証に対しても否定的であることが伺えます。

不安を煽る議論

トランス・バッシングは現在「女性や子どもの安全が脅かされる」との論調で、アメリカやイギリスを中心に広く展開されています。トランス女性がトイレや更衣室を性自認に基づいて利用することで性犯罪が増えるのではないか、といった論調が代表的です。

私たち当事者は毎日トイレを利用し、そのたびに警備員を呼ばれてもたまらないので、当事者なりに折り合いをつけているわけです。まぎれていて、なじんでいて、問題にもなっていないのに、見つけ出して「男女の否定だ」と騒ぎはじめる人たちにうんざりしています。これは「文化戦争」ではなく、人はトイレを使う必要があるという単純な話です。性犯罪についてはカリフォルニア大学ロサンゼルス校が2018年に実施した大規模調査で、トランスジェンダーが性自認によりトイレを使うことが法的に認められても性犯罪増加にはつながっていなかったことが指摘されています。

また「トランスについて学んだことで性別移行し後悔する子ども」について喧伝している人たちもいますが、実態と乖離しています。調査によれば、英国のNHSを使って性別移行をした３３９８人のうち、性別移行を後悔していたのは０・４％で、性別移行した後に元に戻る理由の多くは性自認の変化というよりは社会的な困難（家族からの拒絶など）で、さらには一時的なものが大半であるとしています。

日本でも産経新聞が「教師が子供に性転換を…危険ＬＧＢＴ条例」（２０２２年5月11日）など自治体条例に反対する記事を掲載していますが、これも海外の言説の輸入でしょう。日本では18歳未満への身体的な治療については極めて慎重な判断が行われています。そもそも子どもの性別違和に関する基本的なカウンセリングすら実施できる医療機関が数えるほどしかないのです。また私を含め、ＬＧＢＴの子ども支援を行う人たちは、子どもに寄り添って話を聞いているのでありホルモン療法や手術を推奨する活動をしているわけではありません。

ＬＧＢＴについて教えたら子どもが混乱するとか「ＬＧＢＴになってしまう」という言説は、１９７０年代のアメリカで広く展開され「ＬＧＢＴグルーミング陰謀論」として現在は知られています。もしも性的指向が教育で変えられるものなら、なぜ異性愛しか存在しないような社会で育ってきた子どもたちのなかにも一定の割合で同性愛者がいるのでしょうか。性について学ぶことは恐ろしいことではなく、自分や周りの人をそれぞれ尊重し、お互いのちがいを受け入れることです。企業で働く上でも、性の多様性に関する知識はもはや一般常識として知っておかなくてはいけないことなのです。

なお、トランス・バッシングに関連したファクトチェックやトイレ利用に関する「懸念」に対する応答は、私が責任編集をしている「trans101.jp　はじめてのトランスジェンダー」というサイト（https://trans101.jp/）で詳しく解説していますので、関心がある方はぜひ合わせてお読みください。「議論」の前に、まずは正しい理解から始めていただけると幸いです。

第３部
性の多様性が尊重される教育・社会に向けて

第8章　包括的性教育
――その概要、めざすべき人間像、法律私案の提起

浅井　春夫

1　包括的性教育とはどんな性教育なのか

包括的性教育とは、①乳幼児期から青年期、成人期をまでを視野において、②性的発達のすべての局面に対応できる能力の形成をめざし、③日常生活で生じるさまざまな場面と人間関係に賢明な選択と対応ができるための学びであり、④さまざまな共生が実現できるちからをはぐくむことをめざしています。実際に共生するちからを獲得していくことをめざしています。

まず「性教育」をめぐる歴史と現状を概説し整理しておくことにします。次に解説している

4つの内容が①から④に向けて、基本的には発展している歩みがありますが、それらは現在においても世界および日本社会には混在しているのが実際です。
①純潔強制教育は「宗教」や特定のイデオロギーをバックボーンとした教え込みであることが多く、民族・国・地域の「文化」として受け継がれてきた面があります。
②性の恐怖教育は、リスクの強調がテコになっている――テクノブレイクがネット上で子どもたちに発信されています。過度な自慰行為が原因で死亡してしまうという脅しなど、現在においてもそうしたフェイクが身近な性行動について発せられ続けているのです。
③抑制的性教育は、「寝た子を起こす」論がベースにあり、結局は性的な自己決定をすることを認めたら問題行動が増えると考え、できるだけ性行動に向かわせないことを求めます。学校生活の期間内では問題を起こさせないという管理的発想が本質的内容です。セクシュアリティに関する社会的自立をそれぞれの年齢・発達段階ではぐくんでいくことが実践の課題であるはずですが、こうしたスタンスの性教育政策によって、いわゆる〝はどめ規定〟による必要な学びを制限している現状があります。
そして現在、④包括的性教育が世界の国々で活用され発展をしている現状があります。その理論的基盤となっているのがユネスコ編『国際セクシュアリティ教育ガイダンス』が包括的性教育の中心的な推進力となっています。

つまり、包括的性教育は、子ども・若者が出会う性にかかわる諸問題にオールラウンドに対応できることをめざして性の学びを準備した内容となっています。純潔強制教育が結婚までは性交はしないことを誓わせ、性行動を心理的行動的に管理し、性行動の結果、性感染症に罹患するなどの脅しによる性行動の抑制ではなく、科学と人権の学びを軸に性行動の賢明な判断と選択ができるようにすることを徹底した学びが包括的性教育です。

現在、国際的スタンダードとなっているのは、ユネスコ編『改訂版 国際セクシュアリティ教育ガイダンス』（浅井・艮・田代・福田・渡辺訳、明石書店、２０２０年）です。また、浅井春夫・谷村久美子・村末勇介・渡邉安以子編『「国際セクシュアリティ教育ガイダンス」活用ガイド』（明石書店、２０２３年）も参照ください。

２　包括的性教育がめざす人間像を考える
――性的に健康なおとなとは：37項目

アメリカ性情報・性教育協議会（ＳＩＥＣＵＳ）が「包括的性教育ガイドライン」（第３版、２００４年）で提起している「性的に健康な（行動のできる）おとな像（Life Behaviors of a sexually Healthy Adult）は、めざすべき人間像として性教育実践のなかで具体的目標として考えたいものです。

《からだへの自己評価とからだ観の形成》

・自らのからだに感謝する（からだをよく知る）
・必要に応じて生殖についての情報を入手する
・生殖あるいは性的経験に関係なく、性的な発達を含む人間の発達を肯定する

《ジェンダーの理解と人権尊重の人間関係の形成》

・あらゆるジェンダーの人々を尊重し、適切な態度で交流する
・自らの性的指向を肯定し、他者の性的指向をも尊重する
・自らの性自認（ジェンダー・アイデンティティ）を肯定し、他者のものも尊重する
・愛や愛情行為を適切な方法で表現する
・意味ある人間関係を形成し、保つ
・搾取的操作的な関係を避ける
・家族計画や家族関係について、十分な情報を得て適切な選択をする
・人間関係を高めるようにスキルを習得している

《有効な意思決定とセクシュアリティの表現》

・自らの価値観を確立し、それに従って生きる
・自らの行動に責任を持つ
・有効な意思決定をする
・批判的な思考方法を発展させる
・家族や仲間、恋愛相手との効果的なコミュニケーションする
・人生のなかで自らのセクシュアリティを楽しみ、表現する

《自らの価値観と同意に基づく安全な性的関係の形成》

・自らの価値観に従った方法で自らのセクシュアリティを表現する
・衝動的行動をせずに、性的感情を楽しむ
・人生を豊かにする性行動と、自らや他者に有害な性行動を区別する
・他者の人権を尊重しながら、自らのセクシュアリティを表現する
・自らのセクシュアリティを高めることのできる情報を集める
・お互いに同意の上で、搾取的でない、正直で楽しく安全な性的な関係を持つ

《性と生殖に関する健康と性的人権の尊重》

・定期健診、乳房や睾丸の自己検査などで健康管理をし、問題を早期に発見する
・望まない妊娠を効果的に避けるための避妊用品を使用する

・HIVを含む性感染症への接触、感染を避ける
・望まない妊娠をした際に、自らの価値観に従った行動をとる
・出生前のケアを早い段階で見つける
・性的虐待を防ぐ
・異なる性の価値観に対して、尊重的な態度を示す

《人権の尊重とソーシャルアクションの課題》

・性的な諸問題に関する法律の制定に社会的責任を果たす
・家庭、自らの考えに影響を与える文化的、メディア的、社会的メッセージ、性的な感情、価値観、及び行動がどういったインパクトを持つかを考える
・ジェンダーや性的指向、文化、民族、人種などに基づいた社会の偏見について批判的に考察する
・すべての人が性についての正確な情報を知る権利を獲得する
・偏見や偏狭な行動を避ける
・異なる集団の性的指向に対して固定観念を持たない
・性について、他の人を教育する

以上の「性的に健康なおとな像」の37項目は、原著では列挙されているだけですが、筆者が6つの柱で整理しました。性教育実践でめざす大切にしたい人間像として参考になるのではないでしょうか。

「自らのからだに感謝する」から「性について、他の人を教育する」までの37項目の順序はアトランダムではなく、自らへの科学的な眼差しから、他者へ、さらに社会的な視野への広がりという展開には意味があると感じています。

3　包括的性教育推進法（私案）の提起

これから「包括的性教育推進法」（仮称。以下「推進法」）を日本で制定する運動をすすめていくうえでも、まったくの私案にすぎませんが、具体的なイメージを条文（案）で提示することで、今後の取り組みの参考になればと願っています。現段階での「推進法」の具体案として提起をしておきますので、批判的に検討をしていただきたいと願っています。

第1章　総則

第1条（目的）

この法律は、包括的性教育を学校及び学校外において、子ども・生徒の性的発達と個人の尊厳を保障する性教育をめざし、ジェンダー平等と人間関係における平和の文化の形成を実現するための教育環境と運営体制を拡充することを目的とする。

第2条（基本理念）

この法律は、個人の尊厳及び人権の尊重に基づき、ジェンダー不平等を解消し、対等な人間関係をはぐくむことで、健康で文化的な生活及び子ども・若者の権利としあわせを保障することを基本理念とする。

第3条（定義）

この法律において次の各号に掲げる用語の意味は、当該各号に定めるところによる。

1.「包括的性教育」とは、子ども・若者のすべての性的発達段階やさまざまな日常生活の課題に対応できる性的自己決定能力を形成し、あわせて豊かな共生能力を形成することをめざしている性教育のことである。

2.「ジェンダー平等」とは、性別による差別、偏見、侮辱及び暴力がなく、人権が同等に保障され、あらゆる領域に同等に参加し、平等な待遇を保障されることをいう。

3.「性的発達」とは、発達にはそれぞれのプロセスがあり、発達の特徴をいくつかのまとまりのある段階に分けることができる。『改訂版 国際セクシュアリティ教育ガイダンス』では、8つのキーコンセプト（①人間関係、②価値観、人権、文化、セクシュアリティ、③ジェンダーの理解、④暴力と安全確保、⑤健康とウエルビーイング（幸福）のためのスキル、⑥人間のからだと発達、⑦セクシュアリティと性的行動、⑧性と生殖に関する健康）にそって「キーアイデア」と「学習者ができるようになること」が、4つの年齢グループ（①5～8歳、②9～12歳、③12～15歳、④15～18歳以上）に即して提示されている。各年齢グループの学習課題が性的発達段階の特徴に即して示されている。

4.「個人の尊厳」とは、日本国憲法第13条で「すべて国民は、個人として尊重される」と規定されている。個人が尊重されるために不可欠な要素は、一人ひとりのちがいを認め、多様性が尊重されなければならないことである。

第4条（子ども・若者の包括的性教育を学ぶ権利の保障）

1．子ども・若者は、学校及び学校外において、乳幼児期、小学生、中学生、高校生、大学等及び社会教育において、包括的性教育を学ぶ権利を有する。

とくに具体的な課題として、以下の内容がある。

1）～7）は略

2．学校内外で具体的にすすめられている授業や教育プログラムに対して、子ども・若者は性教育の内容（テーマや課題、授業方法など）について、運営実施者・実践担当者に要望・意見・提案などを提出し、それへの応答を求める権利を有する。

第5条（国の責務）

1．日本が締約国となっている子どもの権利条約の第3条（子どもの最善の利益）、第6条（生命への権利、生存・発達の確保）「締約国は、子どもの生存および発達を可能なかぎり最大限に確保する」責務を軸に、第12条（意見表明権）、第17条（適切な情報へのアクセス）、第24条（健康・医療への権利）、第28条（教育への権利）などの条項を実効的に推進するための責務を負う。

2．国は、包括的性教育を推進するために必要な法制上又は財政上の措置その他の措置を講じる責務を負う。

第6条（地方公共団体の責務）
国及び地方公共団体は、包括的性教育を具体化するための法制上又は財政上の措置その他の措置を講じる責務を負う。

第2章　包括的性教育推進計画及び推進体制

第1節　包括的性教育推進計画の策定

第7条（包括的性教育推進計画の策定）
1．文部科学大臣は他の省庁と協力して、包括的性教育推進計画（以下、「推進計画」とする）を3年ごとに策定をしなければならない。
2．推進計画には、次の各号の事項をすすめる内容でなければならない。
1）包括的性教育推進の基本目標及び推進方針
2）包括的性教育を運営するうえでの課題の整理
3）包括的性教育をすすめるためのテキスト（副読本）及び教師用の手引きの作成

4）包括的性教育を推進するうえでの財政確保の計画と運用計画
5）包括的性教育を推進するための学識経験者、専門職を含めた基本計画策定委員会の設置

3．推進計画策定委員会の運営と構成については、別途これを定める。
1）構成員は、セクソロジー・性教育の学識経験者、学校教員、性教育実践者、性的マイノリティの当事者、医療・保健分野の専門職、保護者団体・市民団体の代表、教育委員会などの行政職などから構成される。
2）構成員は女性と男性を基本的に半数ずつとする。

第8条（年度別実施計画の策定）
1．～3．略

第9条（包括的性教育の推進状況の調査等）
文部科学大臣（又は担当部局名）は、推進計画の状況把握とともに具体的な改善に関する実態調査を実施し、その結果を定期的に公表しなければならない。

第2節　包括的性教育の推進体制

第10条（国の包括的性教育推進委員会）

1．包括的性教育を推進するうえで、重要事項を審議し、関係省庁の施策の調整をするために、文部科学大臣が所管する包括的性教育推進委員会を置く。

2．委員会は、次の各号の事項をすすめるために審議し調整を行う

1）～7）略

3．包括的性教育推進委員会は、〇〇名の委員によって構成される。

1）構成員は、セクソロジー・性教育の学識経験者、学校教員、性教育実践者、性的マイノリティの当事者、医療・保健分野の専門職、保護者団体、市民団体の代表、教育委員会などの行政職などから構成される。

2）構成員は女性と男性を基本的に半数ずつとする。

第11条（都道府県・地方公共団体の教育委員会）

1．文部科学大臣が所管する包括的性教育推進委員会の方針に基づいて、地域の状況に応じた方針について審議し、関係機関の調整を行う。

2. 都道府県・地方公共団体の教育委員会は、次の各号の事項をすすめる。
1)～4)略

第12条（学校等における包括的性教育の推進体制）

1. 学校等においては、学校長を責任者として包括的性教育推進委員会を置く。
2. 前項の推進委員会は、学校等における推進計画の策定及び運営の評価の分析、研修の実施、授業資料の作成などをすすめる。
3. 学校等においては、推進プロジェクトを置くことができる。
4. その他、必要な事項について具体化する。

第3章　包括的性教育の基本方針

第13条（性教育政策を積極的に推進する措置）

1. 国及び地方公共団体は、法令の制定及び改正、性教育政策の企画、関連する予算の編成及び執行、年間計画を作成することによって、包括的性教育を推進する措置をとらなければならない。
2. ～3. 略

第14条（ユネスコ編「国際セクシュアリティ教育ガイダンス」を活かした性教育の推進）略

第15条（生涯教育としての包括的性教育）

1．国及び地方公共団体は、社会のあらゆる領域において、包括的性教育を学ぶ機会を推進する。とくに家庭教育及び社会教育において包括的性教育を学ぶことを保障することに務める。

2．略

第16条（教員養成課程及び保育士・幼稚園教諭養成課程における必修科目）略

第17条（性教育政策の政策決定過程への参加）

1．国及び地方公共団体は、性教育の政策決定過程に女性及び男性が平等に参加するための方針を策定しなければならない。

2．～3．略

第4章　包括的性教育推進の関連機関・団体等への支援

第18条（包括的性教育を推進する機関・団体の設立・運営）

1．国及び地方公共団体は、包括的性教育を研究し、又は教育するための機関及び団体を設置し運営することができる。

2．略

第19条（非営利法人及び非営利民間団体への支援）

国及び地方公共団体は、包括的性教育の推進、ジェンダー平等教育の普及、性的マイノリティの人権の保護及び福祉増進等のために活動する非営利法人及び非営利民間団体に対し、その活動に必要な財政的支援を行い、その運営に必要な経費の一部を補助することができる。

第5章　補足

第20条（国会への報告）

1．文部科学大臣は、推進計画、当該年度の実施計画、前年度の進捗の実績等を、国会に報告しなければならない。

2．政府は、毎年、包括的性教育の推進に関する年次報告書を作成し、通常国会前までに国会に提出しなければならない。

第9章　「多様な性」尊重か制限か
――LGBT理解増進法をめぐる議論から考える

松岡　宗嗣

「LGBT理解増進法」が2023年6月16日に参議院本会議で可決、成立しました。国や自治体、学校、企業などに性の多様性について理解を促すものになるはずでしたが、最終的にLGBT理解〝抑制〟法といわざるを得ないものになってしまいました。

特に問題なのは、「全ての国民の安心に留意する」という条文が追加された点や、学校での理解増進について「家庭や地域住民、その他の関係者の協力」が必要とされた点です。

これらの文言を口実に、もし多数派の一部の人々が「安心できない」「不安だ」といえば、自治体や学校などでの理解を広げる取り組みが制限されてしまう可能性があります。

これは、2000年代の「性教育」バッシングにより学校現場が萎縮し、現在でも適切な性教育の実践が阻まれている現状と地続きの問題です。

そもそも、なぜ「LGBT理解増進法」ができることになったのか。なぜ理解〝抑制〟法になってしまったのか。この間の法整備をめぐる議論から振り返りたいと思います。

差別禁止と理解増進という二項対立の問題

特に2010年代以降、世の中の「LGBT」に関する注目が急激に高まりました。2015年には東京都渋谷区・世田谷区でパートナーシップ制度が日本ではじめて導入され、同年には、超党派で性的マイノリティの課題について考える国会議員連盟も立ち上げられました。また、性的マイノリティ関連団体初の全国組織として「LGBT法連合会」が設立された年でもありました。

トランスジェンダーだと伝えると就活の面接を打ち切られたり、ゲイだとカミングアウトすると「オカマみたいなやつに営業はさせられない」といわれ部署を変えられてしまったり、現在でも、性的指向や性自認を理由とした深刻な差別の被害が起きてしまっています。

こうした被害に対処するためには、差別禁止法――つまり、性的指向や性自認に関する差別的取扱いを禁止する法律が必要です。国会では、2016年に野党が「LGBT差別解消法」

を国会に提出しましたが、現在の政治状況では議論すらされず、一方で自民党は「ＬＧＢＴ特命委員会」を独自に立ち上げ、「ＬＧＢＴ理解増進法」という考え方を打ち出しました。

もちろん、性の多様性について世の中の「理解」を促すことは必要でしょう。しかし、そもそも「理解増進」と「差別禁止」という二項対立的な考え自体を疑う必要があるのではないかと思います。そもそも差別をなくすためには、深刻な差別的取り扱いを禁止した上で、適切な理解を広げていくことが重要です。差別禁止と理解増進のどちらかではなく、どちらも必要なのではないでしょうか。

差別禁止という土台がなければ、実際に深刻な被害を受けたとしても、当事者は泣き寝入りせざるを得ず、人権は守られません。しかし、国会では「理解増進」という骨抜きの考え方で法整備の議論が進んでいきました。

自民党内の強硬な反発で法案は提出見送りに

法整備の動きが活発化した背景の一つに、２０２１年に開催された東京オリンピック・パラリンピックがあります。五輪憲章では性的指向による差別を禁止し、東京オリパラが掲げるビジョンの一つは「多様性と調和」でした。

法律を求める動きが盛り上がり、同年、自民党LGBT特命委員会が提案した「LGBT理解増進法案」をベースに超党派議員連盟で議論され与野党間で同意。各党で持ち帰って法案が審議されました。しかし、自民党内で一部議員から強硬な反発が起き、結果的に国会提出が見送られてしまいました。

ただでさえ骨抜きの法案であるにもかかわらず、一部の保守派が基本理念などに示された「差別は許されない」といった文言によって「訴訟が乱発し社会が混乱する」などと主張し、強硬に反対したのです。そもそも深刻な差別の被害が起きているなか、正当な訴訟は起こるべきであり、訴訟を提起する権利は保障されています。一方で、ただでさえカミングアウトしていない人が多い性的マイノリティをめぐって訴訟が〝乱発〟するなどということは考えづらい現状があります。

さらに、自民党内での議論では、簗《やな》和生衆院議員から「LGBTは種の保存に背く」といった明らかに差別的な発言が出たことも報じられています。2000年代の性教育バッシングを率いた山谷えり子参院議員は、LGBT法案をめぐる議論のなかで、トランスジェンダーを念頭に「からだは男だけど自分は女だから女子トイレに入れろとか、アメリカなんかでは女子陸上競技に参加してしまってダーッとメダルを取るとか、ばかげたことはいろいろ起きている」などと発言。このころからトランスジェンダーを標的にしたバッシングが国会のレベルでも起きてしまっていることがわかります。

このとき、法案をめぐる議論について「これは闘争だ」といい、法案を絶対に通さないよう執行部に圧力をかけたのは安倍晋三元首相だったことも報じられています。結果、LGBT法案は国会に提出すらされず、棚ざらしにされてしまいました。

超党派での「合意案」は反故に

約2年の月日が経ち、2023年2月に法整備の議論が「再燃」しました。岸田首相が国会で「同性婚を認めると社会が変わってしまう」と発言し批判を集め、この議論をきっかけに、岸田首相のスピーチライターを務めていたという荒井勝喜首相秘書官（当時）が、性的マイノリティを「見るのも嫌だ、隣に住むのもちょっと嫌だ」と発言したことが大きな批判を集めたのです。

この時期は、G7広島サミットを5月に控えていたタイミングでもありました。G7のうち性的指向や性自認に関する差別を禁止する法律や同性カップルの法的保障がなく、トランスジェンダーの法的な性別変更に関する非人道的な要件が残っているのは日本だけという現状が問題視され、法整備の機運が高まりました。

しかし、岸田文雄首相が自民党執行部に対し「LGBT理解増進法案」の国会提出への準備を指示するも、4月末の統一地方選挙まで党内での議論は一向に進みませんでした。その背景には、自民党内の対立を避けるために、4月の統一地方選挙前の議論を避けたい狙いがあったといわれています。

実際、4月末の統一地方選後すぐに自民党内の会合が開かれました。しかし、約2年前と同様に、自民党内の保守派が強硬に反発。そうした議員の主張を受けて、超党派で合意したはずの法案は修正され後退。自民党と公明党の与党案としてG7広島サミットの直前に国会に提出されました。

立憲民主党、共産党、社民党は、与党が一度与野党で合意した案を反故にして修正することは問題だとして、もともとの超党派議連における「合意案」を国会に提出。しかし、日本維新の会と国民民主党はこの動きに加わらず、むしろ自民公明の修正案をベースに、さらに内容を後退させる「独自案」を提出するという、3つの案が国会に提出される異例の事態となりました。

G7広島サミットの宣言に反し、法案は大きく後退

5月中旬、G7広島サミットで取りまとめられた首脳宣言には「性自認、性表現、性的指向に関係なく、暴力や差別を受けることなく生き生きとした人生を享受できる社会を実現する」と明記されました。性のあり方によって差別や暴力を受けない、そんな社会を実現する――明確に「差別をなくす」と自ら宣言しているにもかかわらず、日本はG7各国のなかで唯一差別禁止法がなく、議論されているのは骨抜きの「理解増進法」。本来であれば、議員立法は全会一致が原則のはずです。しかし、与野党から3つの法案が国会に提出されるという異例の事態に。さらに、保守派からは「法律自体つくるべきではない」と反発が巻き起こるなか、通常国会の会期末まであと一週間というリミットが迫っていました。

このまま自民公明による修正案で成立するのか、それとも今年も廃案となり何も法律ができない状況が続くのか――。議論を見守っていたところ、突如6月8日の夜に、自民党が維新の会と国民民主党と協議し、6月9日の朝、維新と国民の案をほぼ丸呑みにした法案を国会に提出しました。衆議院でたった2時間ほど議論しただけで、法案は可決。その後、参議院でもほとんど議論がされないまま、13日に参議院本会議で可決。LGBT理解増進法が成立しまし

た。

理解増進に逆行する「多数派への配慮」

なぜ、この法律が理解〝増進〟ではなく、理解〝抑制〟法になってしまったといえるのか。もともと2年前に超党派議連で合意された案からどう後退したのかを見ていきたいと思います。

1つは、「基本理念」です。もともと法案では「性的指向や性自認を理由とした差別は許されない」という認識のもと、理解増進の施策を行うことが求められる内容でした。しかし、成立した法律では「差別は許されない」ではなく「不当な差別はあってはならない」に修正されています。法的な意味や効果は変わらないといえますが、何か「正当な差別」があるかのような修正は、人々に誤解を与える懸念があります。

2つ目は、「定義」です。自民党内の議論では「性自認」という言葉が問題視されました。保守派議員は「性自認」は性別の〝自称〟であり、性同一性障害という言葉にあるように、医師の診断として「性同一性」という言葉の方が望ましいという主張がされていました。しかし、そもそも「性自認」も「性同一性」も、どちらも同じ「Gender Identity」の訳語です。

成立した法律では「ジェンダーアイデンティティ」というカタカナで表記されることになり、自民党内の誤った議論に基づかないという意味では評価できる修正でしたが、これまで長らく「性自認」という言葉を使ってきた自治体や企業、学校現場で混乱が起きてしまう懸念は残ります。

3つ目は、「調査研究」です。もとの法案では、国に対して「調査研究」の実施を求めていましたが、「学術研究」へと文言が修正されています。差別や偏見の実態を明らかにするためには、国レベルの調査が必要です。差別の実態が明らかになると都合が悪いのか、意図的に「調査」が「学術」に変えられてしまっているのです。

4つ目は、「学校教育」です。今回の法律は、学校に対しても努力義務ですが、理解増進の取り組みを求めています。しかし、成立した法律では「家庭及び地域住民その他の関係者の協力」が必要と明記されました。もちろん家庭や地域住民の協力を得られることに越したことはありませんが、もし、家庭や地域住民が性の多様性を教えることに反対したら、理解を広げられなくなってしまう懸念があるのです。

最後、5つ目は、この法案が理解〝抑制〟法になってしまった最も大きな要因といえる点です。それは12条に「全ての国民が安心して生活することができることとなるよう留意する」そのための「指針を策定する」ということが明記されたことです。一見何も問題がないように見える文言ですが、これは「多数派の国民が安心できる範囲のみ、理解を広げてもよい」という意味になり、実質的に多数派への配慮条項になっています。何か性的マイノリティが、多数派の人々を脅かす存在かのように位置付けられてしまっており、理解増進と逆行しています。国や自治体、企業、学校でも取り組みが「多数派が不安に感じない」限りにおいて、理解増進が認められるということになりかねず、この文言を口実に、性の多様性について理解を広げることを制限することができてしまう、「歯止め」のための規定になってしまっているのです。

「多様な性」尊重の流れの分岐点

ただでさえ性的マイノリティ当事者の困難に向き合わず、深刻な差別から守られない骨抜きの法律。しかし、性的マイノリティをめぐる法律がないなか、ないよりはあった方がよいのかもしれない。そう思いながら法整備の動きを見てきました。しかし、議論すればするほど内容は後退し、最終的に理解を〝抑制〟できる法律になってしまった。LGBT理解増進法の議論を見ていくと、この国でジェンダーやセクシュアリティ、人権をめぐる法整備がいかに「当事者」の視点に立っていないかが如実に現れていると思います。

今後、政府は理解増進のための基本計画や指針を策定し、自治体や企業、学校でも理解増進の動きが広がっていくはずです。しかし、アクセルを踏みながら、ブレーキを踏んでいるような法律でもあるため、性的マイノリティの人権を認めたくない人々からの反対の動きが起きた場合、理解増進が制限されてしまう可能性もあります。

２０００年代の性教育やジェンダー平等へのバッシングの際、政治的なバックラッシュの動きに対して、学校現場は萎縮し、適切な性教育の実践は今なお阻まれています。日本のジェンダーギャップ指数は１２５位という現実が表すように、ジェンダー平等の歩みも非常に遅いのが現状です。

これから性の多様性について適切な理解が広がるか、人権を保障する方向に進むか、それとも理解の広がりを抑制する方向に進むのか、そうした分岐点に立っているといえます。性的マイノリティの権利保障に反対する動きに抗い、性の多様性を尊重する社会の流れをさらに前へと進められるかどうかは、それぞれの現場で一人ひとりがどのように行動するかにかかっています。

第10章

民間教育運動が進めてきた「性の多様性」教育実践を定着させるために

堀川　修平

はじめに

現代日本における性教育バッシングは、１９９０年代に始まる旧統一協会による性教協に対する攻撃、２０００年代の七生養護学校での性教育への国家権力の介入、２０１０年代後半の足立区立の中学校での性教育に対する論難と、三度にわたって行われてきました。[*1]

日本においては、近年、ＬＧＢＴや性的マイノリティの「認知」は、あらゆるところで広がっているように思えます。２０１５年に東京都渋谷区において「渋谷区男女平等及び多様性を尊重する社会を推進する条例」が、同性カップル関係にある人びとに対してパートナーシップ証明の発行を認めたことにより、性的マイノリティに対する認知が広がりました[*2]。その一方で、トランスジェンダーの排除・抑圧が2010年代後半からSNSを中心に勢いを増していたり、これらの性的マイノリティへの着目という動きの背景に、経済的に「利用できるか否か」という基準があるという指摘もなされており、必ずしも性的マイノリティの人権保障がすすめられているというわけでもありません[*3]。

このように、さまざまな質ではありますが、日本において性的マイノリティの「認知」が広がっていったのが、2010年代後半の動きでした。それでは、教育現場においてはどうだったのでしょうか。実は、このバッシングの陰に隠れ、これまであまり着目されてこなかったのですが、性教育において「性の多様性」に着目した教育実践が1980年代後半から行われており、そのような実践がバッシングによって中断をやむを得なくなっていったのです。

「性の多様性」をとりまく教育状況

そもそも、性的マイノリティに関わる教育制度をさかのぼると、同性愛に関する記述の初出は、1979年に文部省が刊行した『生徒の問題行動に関する基礎資料』になります。

この資料では、性的マイノリティのなかでも同性愛者を対象にして「倒錯型性非行」として扱っています。同性愛は、指導して改善すべき「問題行動」として位置づけられていたのはあまり知られていませんが、この記述が1994年に削除されるまで、このような認識は学校教育においても「普通」で、なおかつ、記述削除の後、特段に同性愛者に対して何らかの対応が取られることもなかったのでした。[*4] これは、「異性愛」が前提となった校則や教育内容をみても明らかでしょう。

そのような流れに変化が見られるのは、2010年代に入ってからのことでした。2010年には、文部科学省は、「児童生徒が抱える問題に対しての教育相談の徹底について」という通知を出しています。この通知は、「男児」を「女児」として受け入れることとなった性同一性障害の事例を示したもので、日本の学校教育において初めて「性的マイノリティ」の権利保障を前向きに捉えたものでした。

その後、2013年には、文部科学省が「学校における性同一性障害に係る対応に関する状況調査」を実施、それをもとに2015年には、同省が「性同一性障害に係る児童生徒に対するきめ細かな対応の実施等について」を、2016年には「性同一性障害や性的指向・性自認に係る、児童生徒に対するきめ細かな対応等の実施について（教職員向け）」を通知しました。これらによって、学校現場は「性的マイノリティへの支援・理解」に関する対応を迫られているのです。

つまり、日本においては、行政によって性的マイノリティの権利に関わる教育制度、またそもそも性に関する学びの機会を保障する教育制度が２０１０年代に入るまで整っていなかったということになります。しかし、教育制度が整備されていなかったからといって、教育実践自体がまったく実施されてこなかったと考えるのは早計な判断です。というのは、日本の学校教育現場で教師たちは、自らの課題意識に即して、性教育のなかで性の多様性を前提とした教育実践を取り組んでいたためです。

性教育における「性の多様性」への着目

そもそも日本の性教育は、１９７０年代以降に純潔教育を乗り越えようとした２つの団体によって、科学的な性教育として理論と実践が深められてきました。その団体が、日本性教育協会（ＪＡＳＥ）と〝人間と性〟教育研究協議会（性教協）です。

この２つの団体のうち、性教協に所属していた教師によって組織された「同性愛プロジェクト」（１９８８~１９９１）という組織が、日本のなかでいち早く「性の多様性」について着目した性教育実践を行ったことはあまり知られていません。そもそも性教協は、１９８２年の設立当初から、国内にとどまらず、日本国外の性教育実践に着目し、組織としても実践研究を続けてきました。そのなかで、1987年には「アメリカ性教育研修旅行」が行われ、その研修旅行で性的マイノリティ、とりわけ同性愛者と出会ったことに衝撃を受けた性的マジョリティの会員によって、1988年に「同性愛プロジェクト」が組織化されたのでした。[*5]

日本においても1970年代からすでに性的マイノリティによる社会運動は行われていました。そのなかの複数の同性愛者団体と連携をとりながら、同性愛者のおかれている社会状況の問題性や、かれらの生きづらさを学び、自らの性教育実践に学びを反映していた「同性愛プロジェクト」は、同性愛という概念を通して、異性愛中心の既存の教育実践を問うていました。つまり、それは「普通」だと思われていた異性愛者と「異常」だと思われていた同性愛者という二項対立を捉えた上で、ここでいう「普通」とは何かを問うていたということです。このような実践を「クィアペダゴジー[*6]」と呼びますが、それとは似て非なる「LGBT教育」実践が今日進められている状況にあることをおさえておきましょう。

「LGBT教育実践」ではなく、クィアペダゴジーを進めよう

ここでいう「LGBT教育」とは、第一に、「LGBTのLはレズビアンの頭文字で、レズビアンとは～という人たち」といったように、性的マイノリティというカテゴリーやかれらの

特徴を教えるものを指します。

もちろん、名称を覚えることが問題というわけではありませんが、名称をおさえることが、何らかの目的につながっている――例えば、「ＬＧＢＴ」と呼ばれる性的マイノリティの差別状況を改善するための学び――ということであればともかく、昨今なされている教育実践は「名称を教えておしまい」ということになっている場合が少なくありません。

また、「性的マイノリティを差別してはいけない」というようなお題目を押し付ける内容をさすものを指します。日本の道徳教育でなされているような「○○を大切にしなさい」「○○を仲間外れにしてはいけない」といったようなお題目を唱えるだけでは、かえって、「わたしたち性的マジョリティとは違う性的マイノリティについて、理解して／支援してあげよう」という、無自覚な上から目線の他者を招いてしまうでしょうし、「かわいそうな性的マイノリティ」といった同情・憐憫の対象として性的マイノリティを捉え、マジョリティである自分を問い直さない可能性があります。

実は、このような姿勢は、先にあげた文科省の２０１６年通知からも読み取れるのです。

性同一性障害に係る児童生徒への対応は重要ですが、その対応に当たっては、他の児童生徒への配慮も必要です。例えば、トイレの使用について、職員用トイレの使用を認めるなど、他の児童生徒や保護者にも配慮した対応を行っている例があります。このように、性同一性障害に係る児童生徒への配慮と、他の児童生徒や保護者への配慮の均衡を取りながら支援を進めることが重要です。

（『性同一性障害や性的指向・性自認に係る、児童生徒に対するきめ細かな対応等の実施について（教職員向け）』９頁）

もしも、差別によって生きづらい思いをしているマイノリティの生き方を問うのであれば、まず、かれらを踏みつけている自分の「足」に気付き、かれらから足をどかすことを学ぶのが重要なはずです。[*7] しかし、ここでは、その足の存在に気づくことはおろか、足は退かさずに、「支援してあげよう」と手を伸ばすことをうながしているのです。

つまり、こんにち文科省は、性的マイノリティを「特別扱い」して、既存の異性愛・シスジェンダー中心の学校に「付け足す」よう促しています。

「付け足し」の存在であるとは、あくまでもシスジェンダー・ヘテロセクシュアルの立場性[*8]は問わず、性的マイノリティを馴化するということを促しているということになります。あくまでも他の児童生徒が、付け足されるマイノリティに対する「特別扱い」に対して不満に思わないような程度・頻度や方法で「支援をしてあげる」という姿勢に立つのが、今日の性的マイノリティをとりまく教育制度の限界なのです。[*9]

クィアペダゴジーの可能性

そもそも、差別とはなんであるのか、どのようにして差別が生まれて存続しているのかということには目を向けない内容では、むしろ「心のもちよう」という形で差別問題が社会構造の問題ではなく、個人化されてしまう危険性もあります。

この不十分さを乗り越えるために重要なのが、これまで差別構造をつくりだし、積極的にその構造を問い直してこなかった「マジョリティ自身の問い直し」になります。このマジョリティの問い直しを1980年代後半から実践していたのが、先にみた同性愛プロジェクトであったのであり、「同性愛者を（無自覚であれ）差別している〝わたしたち〟を問い直す」ものだったのでした。

学校教育におけるクィアペダゴジーといった際、授業でどのような実践を行うのかはということはもちろんのこと、日々の生活指導も含まれています。これまで教育学で研究がすすめられてきた「隠れたカリキュラム」に該当するような、教員による日々の言葉かけが、シスジェンダー・ヘテロセクシュアル中心な規範に支えられたものでないかを批判的に考察することはもちろん、授業で子どもたちが用いる教科書や参考書といった教具、授業テーマをつぶさに考察することもその射程に置かれているということになります。

まとめると、「LGBT教育」が、「性的マイノリティ」について教えること、「差別は駄目」ということを教えるのを目的としているのに対して、「クィアペダゴジー」は、「性的マイノリティが〝マイノリティ〟としておかれてきた社会構造」について教えること、そして「差別とはそもそも何か」、「差別を改善するために何をする必要があるのか」を学習する機会をつくりだし、実践することを目的としている、という差異があるのです。

おわりに

最後に、クィアペダゴジーの「クィア」という言葉について触れておきます。クィア（Queer）とは「変態」という意味を指す非常に強い侮蔑語ですが、なぜそのような語を用いた「クィア理論」や「クィアペダゴジー」と呼ばれる学術領域が存在しているのでしょうか。

それは、「クィア」だと名指されていた人びとが「私たちのことを〝クィア〟って呼んでいる、あなたたちは何者なの？」と、マジョリティ側を問い返してきたマイノリティによる社会運動に由来するためです。

今日、日本において「多様性」が議論の俎上に上がるとき、あくまでもマジョリティが許容できる範囲内で「多様性」が承認されてはいないでしょうか。それは、学校教育現場においても同様で、私自身、「〝普通〟の説明をしてください」と依頼を受けたことは少なくありません。いうまでもなく、教師が「普通」であると認識するような性的マイノリティも、そうではない性的マイノリティも、すでにこの社会には存在しています。そこで線引きをするということがどのような意味を持つのかを問う教育実践者は、残念ながら多くないのが現実でしょう。何かを「普通」あるいは「普通でない」と認識してしまう私たち自身の立場性はなんであるのか。クィアペタゴジーは、まさに、この「普通」とは何か、「普通であると決める私たちはいったい何者なのか」という、私たちひとりひとりを問い直す教育実践なのです。

＊1　本稿は「『多様性』の保障のためのクィアペダゴジーの視点――性の多様性に関する教育制度に着目して」日本思春期学会『思春期学』41（1）、116‐120頁。をもとにして大幅に加筆修正を行ったものである。なお、日本の性教育バッシングとブームの関係性については『「日本に性教育はなかった」と言う前に――ブームとバッシングのあいだで考える』柏書房、2023。が詳しい。

＊2　堀川修平・冨永貴公「パートナーシップを鍛える性の頼性教育実践の視点――同性間のパートナーシップ制度を持つ自治体の社会教育・生涯学習政策の検討から――」『都留文科大学研究紀要』89、

２０１９、１０９‐１３３頁。

＊3　堀川修平「セクシュアル・マイノリティに引かれる『境界線』」総合人間学会『総合人間学』11、２０１7、55‐66。堀川修平「沈黙を破るための〈性〉の学び」日本子どもを守る会編『子ども白書２０２１』、かもがわ出版、２０２１、１９６‐１９８頁。

＊4　背景には、動くゲイとレズビアンの会（アカー）による働きかけがあった。文部省『生徒の問題行動に関する基礎資料』では、同性愛は「性的非行」の一つとして扱われ、「異性愛の発達を阻害する恐れがあり、健全な社会道徳に反し、現代社会にあっても是認されるものではないであろう」と記述されていた。それに対して改訂を申し入れ、93年には、文部省は見解を見直すことを表明した。

＊5　堀川修平『気づく 立ちあがる 育てる――日本の性教育史におけるクィアペダゴジー』エイデル研究所、２０２２。

＊6　ペダゴジー（peagogy）とは、教育実践の意。クィアペダゴジーの理論的基盤には、D.P.Brizmanの“IsThere a Queer Pedagogy? Or, Stop Reading Straight”が存在している。

＊7　性別二分法を避けるねらいで、本稿では「かれら」とひらがなで表記する。

＊8　シスジェンダーとは、生まれたときに割り当てられた性別に違和感を抱かない人のことである。現代社会において、性に関して「私は普通」といわれるとき、この「普通」には、自身がシスジェンダーであるということ、そして、ヘテロセクシュアル（異性愛者）であるということが当然視されている。

＊9　もちろん、現に学校には自己のジェンダー・セクシュアリティによって不当に取り扱われている子どもが存在している。教育制度が整備されるまで該当の子どもたちには我慢してもらうということを良しとするのではなく、個別の支援も必要だ。ただし、この「通知」は、教育制度を整備する文科省が出しているものである。性的マイノリティの子どもたちの生きづらさを改善するために、いまを生きる子どもたちへの個別的配慮を促すと同時に、学校を、ジェンダー・セクシュアリティ平等な空間へ積極的に変化させるための「通知」となっていないこと（そして、2016年通知の後、その通知が「十分」であったというばかりに、その後十分な対応がなされていないことをふまえると）は、大きな課題の一つである。

あとがき

人形を返してください
子どもたちは人形が大好きでした
人形が登場すると、目を輝かせます
人形を抱くと、やさしい表情になります
あったかな気持ちになり、大事に大事に抱いていました
子どもたちから人形を奪わないでください

「からだ歌」を返してください
子どもたちは「からだ歌」が大好きでした
心地よいリズムの中
先生とじっくり気持ちを通わせながら

提訴の日の集会

あたま、くび、かた……と
からだの部位を覚え
自分のからだを実感し、大切にする気持ちを育みます
子どもたちから、「からだ歌」を奪わないでください

すべての教材を返してください
分かりやすく工夫された手作り教材
子どもの一言から生まれた教材
試行錯誤の繰り返しから作り出された教材
どれも、私たちの宝物
私たちから教材を
奪わないでください

何故なのですか?
子どもたちの、
親たちの

教師たちの思いを聞くこともせず
実際の学習場面を見ることもせず
「不適切な教育」「行き過ぎの教育」
と言い切ってしまうのは？

何故なのですか？
まるで犯人扱いの「聞き取り調査」
人形の下半身を裸にし
教師を恫喝
やくざまがいの脅し
子どもの見ている前での出来事でした
翌日の新聞には
「まるでアダルトショップのよう」の文字が躍る
あなたたちは、暴力で私たちを踏みにじった
私たちは、私たちの目の前で起こった全てを

真実を、伝えていく決意をしました
教育は子どもたちのためにあるべきと思うから
教育に自由を取り戻したいと思うから
指示、命令、処分で
言いなりにさせようとする
東京の教育のあり方に異議を唱えるために

（2005年5月12日の提訴の日に…）

これは提訴の日の集会で、原告たちの思いとして皆さんに伝えたものです。

この時期、すでに多くの教員たちは「七生養護学校」から異動させられ、バラバラになっていました。異動先で、管理職からかなり激しい攻撃を受けている原告も何人かいました。体調を壊し入院を余儀なくされる原告もいました。それでもこの日、人生で初めての提訴を皆さんにお伝えした31名の原告たちが、10年に及ぶ長い闘いのなか、最後までみんなで思いを一つにして闘うことができたことは、私たちの誇りです。また、原告にはならなくても当時「七生養護学校」に勤務していた多くは、様々な形で応援し続けてくれました。もちろん教員だけでなく、事務職の方や用務主事さん、多くの保護者や地域の方々からいただいた、たくさんの熱い応援も忘れることはありません。

弁護士さんたちとの出会いも、大きな出来事でした。七生の実践を丁寧に聞き取ってくださったこと、小、中、高の学部ごとにたっぷり時間を取って、時には合宿をしてまで私たちの話に耳を傾けてくれたことは、説明もゆるされずに処分された私たちの「傷ついた心」を再生してくれました。教員たちは、七生の性教育に自信を持っていたわけではなく戸惑いも抱きつつ子どもたちに向き合っていたのですが、本気になって話を聞き一緒に体験してくれたり、熱心に質問をしてくれたりする弁護士さんたちが、逆に七生の性教育実践を評価し、価値づけてくださったことは、本当に大きな励みとなりました。教育実践というのはうまくいかないことはよくあることで、だからこそまたより良いものにしていくために、ときには子どもとともに工夫を重ねていきながら、実践の意味を深めていくものだと思います。その過程を裁判の闘いのなかでも経験させていただいたと思っています。

今回、事件直後からつながった「〝人間と性〟教育研究協議会」の浅井春夫さん（立教大学名誉教授）から、20年の節目に再度「七生事件」の本を作成しましょうとのお声をかけていただきました。当初は戸惑いもあったのですが、安倍晋三元首相の銃殺事件が起きて以降、特定の宗教団体や教育学者、日本会議などの問題が浮かび上がってきました。そのことと、性教育バッシングが大きな関連があったことも明らかになっています。しかし、時間とともにメディアでも取り上げられることが減少してきており、何かの力が働いているかのようにも見えます。

その意味では、七生養護学校性教育バッシングの内容を、歴史として伝え残すことの意味は大きいと思い、この本に取り組んだのです。文章化に基本的に参加したのは4人ですが、内容検討や文章整理、イラスト作成など多くの七生関係者が協力してくださっています。

また性教育バッシングから現在に至るまで、様々な角度から各専門家の方に執筆いただけたことも感謝しています。「七生事件」だけでなく、そこからつながる分野の内容は、理解を深める上で重要です。何かと分断を図りながら、自分たちの意図を押し通そうとする日本の政治状況があるなか、関連性を見出しながらつながることは大事なことと考えています。本を手に取っていただいた皆様に、様々な視点から読んで「つながって」いただけるとありがたいです。

「歴史を伝えることは、とても大事なことだ」と改めてかみしめています。

最後に、この間、意見書を何度も書いていただき、たくさんの学びをいただくとともに一緒に闘ってくださった、茂木俊彦さん（七生事件の年、都立大攻撃が起きた時の都立大総長）、教育法学の世取山洋介さん（新潟大教授）、七生の元校長として激しい攻撃にさらされ「金崎裁判」を立ち上げ、勝利をかちとった金崎満さんがお亡くなりになりました、心から哀悼の意を表明するとともに、ともに闘ったことの喜びと心からの感謝をお伝え申し上げます。

執筆者一覧

日暮 かをる（ひぐらし かをる） 元七生養護学校教諭、「こころとからだの学習裁判」元原告団長

井上 千代子（いのうえ ちよこ） 元七生養護学校養護教諭、「こころとからだの学習裁判」元原告

上原 ひとみ（うえはら ひとみ） 元七生養護学校教諭、「こころとからだの学習裁判」元原告

宝方 喜代美（むろかた きよみ） 元七生養護学校教諭、「こころとからだの学習裁判」元原告

洪 美珍（こう びちん） 元七生養護学校保護者、「こころとからだの学習裁判」元原告

中川 重徳（なかがわ しげのり） 弁護士、「こころとからだ学習裁判」弁護団事務局長

小泉 広子（こいずみ ひろこ） 教育法学 子どもの権利、桜美林大学教授

金子 由美子（かねこ ゆみこ） 一般社団法人〝人間と性〟教育研究協議会代表幹事

遠藤 まめた（えんどう まめた） 一般社団法人にじーず代表

浅井 春夫（あさい はるお） 立教大学名誉教授、一般社団法人〝人間と性〟教育研究協議会代表幹事

松岡 宗嗣（まつおか そうし） 一般社団法人ｆａｉｒ代表理事

堀川 修平（ほりかわ しゅうへい） 教育学者、一般社団法人〝人間と性〟教育研究協議会幹事

イラスト　ｍａｌちゃん
　　　　　ａｎｎちゃん

包括的性教育推進法の制定をめざすネットワーク

性教育の国際的なスタンダードとなっているユネスコ編『国際セクシュアリティ教育ガイダンス』などを参考に、包括的性教育をすべての子ども・若者が学ぶことができるように「包括的性教育推進法」の制定をめざして結成。

なぜ学校で性教育ができなくなったのか
七生養護学校事件と今

2023年11月3日　初版1刷発行
編　者— 包括的性教育推進法の制定をめざすネットワーク
監　修— 浅井春夫、日暮かをる
発行者— 岡林信一
発行所— あけび書房株式会社
〒167-0054　東京都杉並区松庵 3-39-13-103
☎ 03. 5888. 4142　FAX 03. 5888. 4448
info@akebishobo.com　https://akebishobo.com

印刷・製本／モリモト印刷
ISBN978-4-87154-239-5　c3037

あけび書房の本

樹液を吸い取る政治
医療・社会保障充実を阻むものとの訣別へ

本田宏著　コロナ禍に医療体制が崩壊した原因の検証なく、医療費抑制策が続き公的公立病院潰しが進む一方、国民に負担を強いるマイナ保険証、軍事費倍増など〝樹液を吸い取る政治〟が終わらない病因にメスを入れる！

1980円

安倍政治の「継承者」、岸田首相による敵基地攻撃・防衛費倍増の真実

台湾侵攻に巻き込まれる日本

半田滋著　台湾有事は2027年までに起きる？　米中が軍事衝突すれば日本が攻撃対象になり、沖縄が「捨て石」にされる！　「専守防衛」を投げ捨て「新しい戦前」に向かう岸田政権の危険性を問う。

1980円

証言と検証　福島事故後の原子力
あれから変わったもの、変わらなかったもの

山崎正勝、舘野淳、鈴木達治郎編　事故当時の首相・菅直人氏のインタビュー証言はじめ、事故現場と原子力行政の現状、核燃料サイクルや新型炉・放射性廃棄物・戦争といった課題について専門家が検証。

1980円

原発で重大事故
その時、どのように命を守るか？

児玉一八著　原発で重大事故が起こってしまった際にどのようにして命を守るか。放射線を浴びないための方法など、事故後のどんな時期に何に気を付ければいいかを説明し、できる限りリスクを小さくするための行動・判断について紹介する。

2200円

価格は税込

あけび書房の本

若者が変えるドイツの政治

木戸衛一著　ドイツの2021年の政権交代は、若者が政党に変革を求めたことで実現した。気候変動、格差と貧困、パンデミックなど、地球的危機に立ち向かうドイツの若者を考察。

1760円

科学を政治に従わせてはならない

学術会議問題

深草徹著　科学者を戦争に奉仕させてはならない！　学術会議への政治介入を憲法問題として徹底的に検討。

【推薦】**小森田秋夫**（東京大学名誉教授）

1760円

PTSDの日本兵の家族の思い

PTSDの復員日本兵と暮らした家族が語り合う会編　「あったことをなかったことにしたくない」。〝記録〟されなかった戦争のトラウマ。戦後も終わらない戦争の〝記憶〟を生きた元兵士の存在。家族の証言で史上初めて日本社会に投影する。

1320円

忍びよるトンデモの正体

カルト・オカルト

左巻健男、鈴木エイト、藤倉善郎編　統一教会だけでない！　気をつけよう！　豪華執筆陣でカルト、オカルト、ニセ科学を徹底的に斬る！

2200円

価格は税込